DIE SCHWEIZ
STEHT STILL

Thomas Buggli

Für Tatiana, Mascha und Thomas J.

Weltbild Buchverlag
- Originalausgabe
© 2020 Weltbild Verlag GmbH, 4612 Wangen bei Olten
ISBN 978-3-03812-803-8

Projektleitung: Lukas Heim
Konzept: Thomas Renggli, Lukas Heim
Covergestaltung und Innenlayout: Thomas Uhlig
Lektorat: Susanne Dieminger
Umschlagmotiv: Keystone-SDA (weitere Bildnachweise auf Seite 208)

Das Werk einschliesslich aller seiner Teile ist urheberrechtlich geschützt. Jede Verwertung ausserhalb des Urhebergesetzes ist ohne Zustimmung des Verlages unzulässig und strafbar. Dies gilt insbesondere für Vervielfältigungen, Übersetzungen, Mikroverfilmungen und der Einspeicherung und Verarbeitung in elektronischen Systemen.

Besuchen Sie uns im Internet: www.weltbild.ch

Thomas Renggli

DIE SCHWEIZ STEHT STILL

40 Botschaften, die Hoffnung machen

Alltagshelden und Prominente im Gespräch

Weltbild

Inhalt

6 | Vorwort von **Thomas Renggli** (Journalist und Buchautor)

10 | **Daniel Beck** (Barbesitzer, TV-Moderator)
«Warten auf das nächste Bier»

13 | **Jean-Claude Biver** (VR-Präsident Hublot)
«Ich will aus der Situation für die Zukunft lernen»

17 | **Sepp Blatter** (Ex-Fifa-Präsident)
«Panik bringt uns nicht weiter»

23 | **Tatiana Bogdanova** (Verkäuferin)
«Back in the USSR»

26 | **Onur Boyman** (Direktor Immunologie Unispital ZH)
«Das Coronavirus wird uns noch mehrere Monate beschäftigen»

34 | **Steffi Buchli** (Programmleiterin MySports)
«Ich wünsche mir, dass wir nicht so schnell vergessen»

40 | **Ancillo Canepa** (Präsident FC Zürich)
«Jetzt ist Solidarität gefragt»

44 | **Svenja Cavigelli** (Primarlehrerin)
«Der Fernunterricht fördert die Selbstständigkeit der Schüler»

50 | **René Fasel** (Präsident Internationaler Eishockey-Verband)
«Im Sturm darf der Kapitän nicht von Bord»

55 | **Laura Fernandez Gromova** (Ballerina)
«Plötzlich habe ich mehr soziale Kontakte»

60 | **Isabel Florido** (Schauspielerin, Moderatorin)
«Mehr Fakten statt Panik und Schock»

64 | **Leila Frei / Sandro Ochsner** (Postangestellte)
«Wir liefern den Menschen die Normalität nach Hause»

68 | **Art Furrer** (Hotelier)
«Die Globalisierung bringt die Welt aus dem Gleichgewicht»

72 | **Stefan Grogg** (Ex-Eishockey-Profi)
«Ein solches Time-out gab es noch nie»

79 | **Bruno Kaltenbacher** (Corona-Betroffener, Gastronom)
Bastian Baker und das Coronavirus

84 | **Urs Kessler** (CEO Jungfraubahnen)
«Ich wünschte mir Adolf Ogi zurück»

89 | **Rolf Knie** (Kunstmaler, Zirkusunternehmer)
«Mit Krieg lässt sich die Situation nicht vergleichen»

92 | **Patrizia Kummer** (Snowboard-Olympiasiegerin)
«Wir mussten die sozialen Kontakte auf null reduzieren»

95 | **Gilles Marchand** (Generaldirektor SRG)
«Das ständige Segeln in rauer See relativiert einiges»

109 | **Andreas Meyer** (Ex-CEO SBB)
«Die Digitalisierung kann vieles ersetzen, aber ich freue mich darauf, meine Eltern wieder zu umarmen»

114 | **Jalena Meyer** (Tennisspielerin)
   Wimbledon im Homeoffice-Modus

119 | **Philipp Musshafen / Felix Frei** (Hallenstadion Zürich)
   «Das Hallenstadion bleibt im Konzert der Grossen»

122 | **Adolf Ogi** (alt Bundesrat)
   «Zeit für Solidarität und Teamgeist»

125 | **Bertrand Piccard / Frans Timmermanns**
   (Gründer Solar Impulse / Exekutiv-Vizepräsident
   der Europäischen Kommission)
   Welche Welt wollen wir nach Covid-19?

130 | **Peter Reber** (Musiker)
   «Der Bär vor der Höhle wartet auf jemand anderen»

136 | **Ryan Regez** (Skicrosser)
   «Jetzt müssen wir uns alle solidarisch zeigen»

139 | **Monika Ribar** (VR-Präsidentin SBB)
   «Entscheidend ist die Frage, was die Krise mit den Menschen macht»

144 | **Natalie Rickli** (Gesundheitsdirektorin Zürich)
   «In einer Krise sollte die Chefin vor Ort sein»

148 | **Alex Rübel / Martin Bauert** (Direktor / Kurator Zoo Zürich)
   «Der physische Kontakt wird an Wert gewinnen»

154 | **Florence Schelling** (Sportchefin SC Bern)
   «Die schönste Meldung der Coronakrise»

158 | **Christoph Sigrist** (Pfarrer Grossmünster)
   «In der Schweiz sind wir privilegiert»

164 | **Markus Somm** (Publizist, Historiker)
   «Wir müssen wieder freier und rebellischer werden»

169 | **Yann Sommer / Stephan Lichtsteiner** (Fussballer)
   «Jetzt müssen wir alle zusammenstehen»

174 | **Bernhard Sorg** (Arzt)
   «Die Krankenkassenprämien dürfen nicht steigen»

177 | **Christian Stucki** (Schwingerkönig)
   «Von diesem Virus lasse ich mich nicht ins Sägemehl werfen»

182 | **Pius Suter** (Eishockey-Topscorer)
   «Sieger ohne Fest»

185 | **Marc Walder** (CEO Ringier)
   «Der Mensch ist brillant anpassungsfähig»

189 | **Jenny Wang** (Besitzerin Grasshoppers Club)
   Die nette Frau Wang

192 | **Sacha Wigdorovits** (Kommunikationsexperte und Ex-Journalist)
   «Der Trend zur Digitalisierung wird sich verstärken»

200 | Schlusswort von **Matthias Horx** (Zukunftsforscher)
   Die Corona-Rückwärts-Prognose: Wie wir uns wundern werden,
   wenn die Krise «vorbei» ist

Vorwort des Autors

Kraft aus der Ruhe

Ein unsichtbares Virus stellt das Leben auf den Kopf. Es verursacht mediale Hysterie und teils surreale Ängste. Doch es bietet auch eine grosse Chance. Der Moment des Innehaltens und der Selbstfindung eröffnet neue Perspektiven.

Corona überall: hinter jeder Ecke, in jedem Schaufenster, auf jedem Fernsehbildschirm sowieso, rund um die Uhr. Die Aufregung ist gross – und sie führt zum kollektiven Stillstand. Es ist, als wäre dem Leben der Stecker rausgezogen worden: verlassene Strassen, leere Trams, verriegelte Restauranttüren, geschlossene Schulen, der Sport ist abgesagt oder verschoben – Menschen, die sich gegenseitig argwöhnisch beobachten und um eine Packung Toilettenpapier oder einen Sack Mehl streiten. Ein Staat, der Notkredite im Wochenrhythmus verspricht – aber viele Bürger trotzdem im Ungewissen lässt.

Und auch die Kulturwelt steht still: leere Säle, leere Bühnen, gespenstische Ruhe statt warmer Applaus. Die Gesellschaft befindet sich im luftleeren Raum und dürstet nach Desinfektionsmittel. Andreas Homokin, der Intendant des Zürcher Opernhauses, sagt: «Kultur ist ein menschliches Grundbedürfnis: Sie bedeutet für mich all das, was unser Menschsein und unser Zusammenleben letztlich ausmacht.» Wie wichtig etwas ist, wird erst bewusst, wenn man es nicht mehr hat. Gesa Schneider, die Leiterin des Literaturhauses in Zürich, bezeichnet die Kultur als Sinn des Lebens: «Kultur bedeutet für mich, nicht zu sein, sondern das Sein zu verhandeln. Ich freue mich, wenn hier wieder Leben und Spiel und Nachdenken passiert. Und das Reden über das Leben.»

> *«Kultur ist ein menschliches Grundbedürfnis: Sie bedeutet für mich all das, was unser Menschsein und unser Zusammenleben letztlich ausmacht.»*

Wenn das Leben stillsteht, gibt es auch weniger darüber zu reden – und zu berichten. Die grossen Medienhäuser haben Kurzarbeit verordnet. Ihre Publikationen schrumpfen praktisch im Wochenrhythmus an Umfang. Vielen Journalisten geht es wie den Coiffeurs und Restaurantbetreibern: Sie fürchten um ihre berufliche Existenz.

Derweil diktiert in den Zeitungen und Zeitschriften, in Funk und Fernsehen die Tonlage der Weihnachtsfesttage. Weil nichts passiert, werden alte Ereignisse neu aufgewärmt. Rückblicke werden geschrieben und Konserven geöffnet – und Tipps für Isolationsgefahren vermittelt: Wie verhindere ich übertriebenen Alkoholkonsum? Was mache ich gegen den Quarantänekoller? Wo hole ich Hilfe bei häuslicher Gewalt?

Das Coronavirus hat das Leben in der Schweiz verändert wie kaum ein Ereignis seit dem Zweiten Weltkrieg. Jeder und jede ist betroffen: sozial, gesellschaftlich, finanziell – sportlich: Fitnesszentren bleiben geschlossen, Velotouren sind nur noch mit den engsten Verwandten möglich, die Laufgruppe sieht sich zum potenziellen Virenherd degradiert.

So absurd es tönen mag: Die Volksgesundheit könnte von der aktuellen Notlage sogar profitieren. Denn kaum einmal zuvor begegnete man im Wald und in den Parkanlagen mehr bewegungsfreudigen Menschen – selbstverständlich alle im gebührenden Zweimeter-Abstand zueinander. Es scheint, die ganze Schweiz habe ihre Liebe für Outdoor-Aktivitäten entdeckt. Und Gesundheitsminister Alain Berset, früher ein ambitionierter 800-m-Läufer, bezeichnet die nationale Ausnahmesituation als «Marathon mit ungewissem Ausgang». Dazu passt, dass Mr. Corona, der BAG-Pandemie-Experte Daniel Koch, ein leidenschaftlicher Ausdauersportler ist und eigentlich jeden Tag so aussieht, als habe er soeben einen Ultra-Ironman und den 100-km-Lauf von Biel nacheinander bewältigt – ohne Verpflegungspause.

So absurd es tönen mag:
Die Volksgesundheit könnte von der aktuellen
Notlage sogar profitieren.

So oder so: Auf dem Spaziergang oder auf der Joggingrunde macht man interessante Beobachtungen. Denn das Verhalten der Mitmenschen ist nicht mehr das gleiche. Am positiven Ende der Erfahrungswerte sind die gewachsene Freundlichkeit und die netten Begrüssungen unter wildfremden Menschen. Doch es gibt auch das Gegenteil: Spaziergänger, die vor nahenden Mitmenschen in fast schon panischer Angst ins nächste Gebüsch springen, ihr Hündchen schützend in den Arm nehmen oder fluchtartig die Richtung wechseln. Auch Menschen mit Ganzgesichtsschutz, Plastikhandschuhen und Taucherbrille schreiten daher. Es ist, als befände man sich in einem (eher schlecht produzierten) Science-Fiction-Film. Aber spätestens wenn man in der Migros-Filiale per Lautsprecher daran erinnert wird, auf Distanz zu gehen, die Anweisungen des Personals zu befolgen und vor dem Gemüsestand die Hände zu desinfizieren, weiss man: Das ganze Schlamassel ist real.

Doch vielleicht ist ja schon mittelfristig alles nur halb so wild. Denn selbst der grösste Sturm bietet eine Chance. Nach Jahren des Aufschwungs und des kollektiven Übermuts kann die Krise als Weckruf verstanden werden und die Menschen zur Rückkehr zu Demut und Respekt bewegen. Die plötzliche Ruhe lässt uns innehalten und den Blick für das Wesentliche wieder finden. Wir haben wieder Zeit, um uns mit unseren Mitmenschen zu befassen – und Dinge zu erledigen, die wir vorher in der überbordenden Hektik des Alltags gleichgültig vor uns hin geschoben haben. Und war es nur das Ausfüllen der Steuererklärung.

Art Furrer, der weise Ski-Pionier und Hotelier aus dem Wallis, wählt einen philosophischen Ansatz der Lagebeurteilung: «Nun bekommen wir Zeit, um nachzudenken und über die Bücher zu gehen.» Es sei aber von existenzieller Bedeutung, dass man in dieser Zeit den Glauben an das Gute und die Hoffnung nicht verliere – dass man den Mut bewahre, den Mitmenschen zu helfen. Furrer zitiert den Titel des berühmten Liedes des Schweizer Jodler-Duos Marthely Mumenthaler/Vrenely Pfyl: «Nach em Räge schint Sunne, nach em Briegge wird glacht.»

Christoph Sigrist, der Pfarrer des Grossmünsters, sieht in der Krise ebenfalls Positives: «Wir erleben momentan viel Gutes miteinander – lernen den Verzicht und die Inspiration neu kennen. Die Menschen finden wieder zueinander.» An dieser Stelle zitiert er Zwingli: «Tut um Gottes willen etwas Tapferes.»

Um diesen Gedanken nachhaltig umzusetzen, müsse aber jede und jeder etwas beitragen – vor allem in der Aufarbeitung der Ereignisse: «Ich hoffe, dass die Menschen nicht zu schnell vergessen, sondern dass sie sich auch langfristig daran erinnern, dass Themen wie Klima, Flüchtlinge und Hunger immer präsent sind.» Sigrist wünscht sich, dass das stete Streben nach Überfluss abnimmt: «Es ist nicht das Geld, das giftig ist, sondern die Gier.»

Im Zoologischen Garten von Zürich sorgt das Virus ebenfalls für eine Ausnahmesituation. Durch die Schliessung gehen dem Tiergarten rund eine Million Franken pro Woche an Einnahmen verloren. Für den Tier- und Naturschutz könnte sich gleichwohl eine wichtige neue Perspektive eröffnen. Kurator Martin Bauert sagt: «Es scheint klar, dass das Coronavirus auf einem Markt in Wuhan von einer Fledermaus auf einen Menschen übergesprungen ist. Macht die chinesische Regierung nun ernst und verbiete solche Märkte, wäre das ein grosser Schritt für den Tierschutz.» Bauert spricht von einem «Big safe.»

Dieses Buch wirft einen neuen Blick auf die Geschehnisse, ordnete die Ereignisse ein und macht Mut für die Zukunft. Denn zwei Dinge stehen fest: Die Welt geht nicht unter – und es gibt ein Leben nach der Krise.

Viel Vergnügen beim Lesen – und bleiben Sie gesund!

Thomas Renggli

«Warten auf das nächste Bier»

Die Gastronomie trifft die Coronakrise besonders hart. Barbetreiber Dani Beck begegnet dem Virus mit Humor, verkauft T-Shirts und setzt auf den künftigen Durst seiner Gäste.

Daniel Beck hat gerade eigentlich nichts zu lachen. Der 54-jährige Zürcher führt seit zwei Jahren die Musikbar «Kater» an der Kanonengasse 33 im Grossstadtdschungel des Kreises 4. Er bietet seinen Gästen einen lautstarken Mix aus Rockpartys, Livekonzerten und Fussballübertragungen. Im Kater tanzt der Bär. An guten Abenden frequentieren über hundert Gäste das Lokal. Das Coronavirus setzte dem fröhlichen Treiben jedoch ein jähes Ende. Wie alle anderen Gastronomiebetriebe des Landes musste auch Beck am 13. März den Bierhahn zudrehen und den Laden schliessen: «Der Zapfenstreich kam im dümmsten Moment. Unser Programm um Ostern wäre besonders attraktiv gewesen: mit

Star-DJ Justin Hawkins, dem Sänger von Darkness, einem Konzert der Zürcher Band Orefik und der legendären Party Osterrock.»

Jetzt durchlebt Beck das Kontrastprogramm. Der Homeoffice-Betrieb für einen Barbesitzer hat mit feuchtfröhlicher Ausgelassenheit nichts zu tun: Events stornieren, Konzerte verschieben, Lieferanten beruhigen, den Vermieter beschwichtigen. «Während des Lockdowns erlebten wir etwas, das wir uns in der Schweiz nie vorstellen konnten: Das Leben wurde uns quasi vorgeschrieben.» Für Beck und seine sieben Mitarbeiter hatte dies gravierende Konsequenzen: Alle wurden auf Kurzarbeit gesetzt. Weil Beck in zwei Jahren kaum Reserven erarbeiten konnte, drängt ihn die Krise mit dem Rücken zur Wand: «Zwei, drei Monate können wir uns dank der Unterstützung durch den Bund über Wasser halten.» Würde der Lockdown aber länger dauern, würde es ans Existenzielle gehen. Gleichwohl mag er nicht mit den Massnahmen der Behörden hadern: «Es gibt viele Fachleute und Spezialisten, die sich ausgiebig mit dem Thema befassten. Deshalb gehe ich davon aus, dass alles seinen regulären Lauf nimmt.»

So ging Beck in die Gegenoffensive, nahm das Schicksal selber in die Hand und lancierte eine T-Shirt-Kollektion, die auf der Kater-Homepage (www.kater-rockt.ch) wie folgt angepriesen wird: «Um richtig gut auszusehen, aber auch um unsere Bar in dieser schwierigen Zeit der Zwangsschliessung tatkräftig zu unterstützen, könnt ihr ab sofort KATER-Shirts bestellen. Es sind zwei verschiedene Motive erhältlich.» Sich dem Cocktail-Hauslieferdienst anzuschliessen, den eine Reihe von Bars auf der Plattform «Cheerstosupport» lancierte, kam für Beck nicht infrage: «Unsere Gäste trinken am liebsten Bier. Und das bestellt kaum jemand per Kurier.»

Stattdessen setzt der volksnahe Gastgeber auf hochprozentigen Humor: «Jetzt freuen sich die Menschen ganz besonders, wenn sie etwas zu lachen haben.» So stellt er auf seiner Facebook-Seite regelmässig nicht ganz ernst gemeinte Posts ins Netz: etwa wie er mit schier überbordendem Stolz mit einer Grosspackung WC-Papier posiert und dazu schreibt: «Glückseligkeit 2020.» Oder wie er ein selbst komponiertes Musikstück auf seinem Lieblingsinstrument, der Eierharfe, spielt: «Darauf hat die Menschheit sehnlichst gewartet.» Und einen Einblender von Pandemie-Papst Daniel Koch kommentiert er mit den Worten: «Ich habe in meinem Leben noch nie so viele Kochsendungen geschaut wie in den letzten drei Wochen.» Beck sagt dazu: «Ich versuche das Virus mit Humor zu bekämpfen» – und verweist auf die neue Facebook-Gruppe einer Kollegin: «Sky over Corona». Sie rückt den flugzeuglosen Himmel ins beste Licht und verzeichnete innert kürzester Zeit über 10'000 Follower: «Die sozialen Medien können in solchen Zeiten eine gute Rolle spielen.»

In seiner Berufskarriere hat der Sohn von Radiolegende Ueli Beck gelernt, dass das Leben eine Achterbahn sein kann. Bis 2010 moderierte er im Schweizer Fernsehen die Sendungen «Weekend Music» und «Music Night» – spätabends, wenn selbst harte Rocker wieder zu Hause waren. Beck sendete aus seinem zum Chaos neigenden Büro, setzte schräge Pointen und spielte laute Musik. Er besass die staatlich gewährte Narrenfreiheit – etwas, das in Coronazeiten nicht mehr vorstellbar ist. Highlights des zuweilen eigenwilligen Formats waren Studioauftritte von Alice Cooper und von Queen-Gitarrist Brian May.

Der Sohn von Radiolegende Ueli Beck hat gelernt, dass das Leben eine Achterbahn sein kann.

Irgendwann allerdings wurde am Leutschenbach die Lautstärke gedrosselt. Nach der Absetzung der Sendung arbeitete der robuste Ex-Verteidiger des FC Witikon als Musikredaktor. Doch aus Spargründen wurde die Stelle gestrichen. Es folgte eine wenig amüsante Zeit. Beck meldete sich bei der regionalen Arbeitsvermittlung an, lernte das korrekte Verfassen einer Bewerbung und buhlte um Jobs, die kaum zu ihm gepasst hätten. Aber er kam um ein Praktikum als Versicherungsmakler oder Logistiker herum. Denn ausgerechnet in diesem Moment halfen ihm sein Netzwerk und der direkte Draht ins Zürcher Nachtleben. Ruedi Hofmann, der Besitzer der legendären «Cactus»-Bar, suchte einen Nachfolger. Beck zögerte – schliesslich war er in seinem Vorleben vor allem Gast und nicht Gastgeber gewesen. Mit zwei Partnern entschied er sich schliesslich gleichwohl zum Sprung ins kalte Wasser – und machte den «Cactus» zum «Kater».

Zwei Jahre später sieht er sich erstmals mit ernsthaften Herausforderungen konfrontiert. Besonders die Ungewissheit sei sehr schwierig gewesen, solange man nicht wusste, wann die Wiedereröffnung absehbar wird. Die entgangenen Einnahmen wieder einzuspielen, sei kaum möglich – umso weniger, als mit der Verschiebung der diversen Sportevents weitere attraktive Gelegenheiten kurzfristig verschwinden: «Wir hätten während der Fussball-Euro an jedem Abend eine WM-Bar veranstaltet.» Beck bemerkt jedoch eine erfreuliche Solidarität in seinem geschäftlichen Umfeld: «Die Getränkelieferanten kommen uns entgegen, der Vermieter zeigt sich kulant.» So hofft der ewig junge Mittfünfziger, dass der Kater im Kater nicht zu krass ausfällt. Denn eines weiss Dani Beck ganz sicher: Die Gelegenheit für ein Bier unter krisengestählten Hardrockern kommt bestimmt schon bald wieder. Und die nächste Fussballparty ebenfalls – irgendwann.

«Ich will aus der Situation für die Zukunft lernen»

Er ist eine der ganz grossen Persönlichkeiten der Schweizer Wirtschaft. Zusammen mit Nicolas Hayek gilt er als Retter der Schweizer Uhrenindustrie. Auch nach seinem Rückzug aus dem operativen Geschäft hat sein Wort grosses Gewicht: Jean-Claude Biver **(70) sieht in der Coronakrise auch eine Chance.**

Die Uhrenindustrie wurde mit voller Wucht von der Coronakrise getroffen. Nach dem Lockdown des Bundesrates schlossen alle führenden Unternehmer ihre Produktionen in der Schweiz. Die Hochburgen der Uhrenproduktion im Berner und Neuenburger Jura wirkten plötzlich wie Geisterstädte, die Fabriken wie leblose Fassaden.

Auch die Luxusmarke Hublot konnte sich dem Schock nicht entziehen. Von der Schliessung ihrer Produktion in Nyon waren Mitte März 300 Mitarbeiter betroffen. Zuvor hatte bereits der weltgrösste Uhrenhändler Bucherer in den Tourismus-Hotspots Luzern und Interlaken für sein Personal Kurzarbeit beantragt – ein zuvor undenkbares Szenario. Und die Aussichten bleiben trüb: Die Nachfrage in Fernost, einer der wichtigsten Absatzmärkte für Schweizer Luxusprodukte, brach ein. Und weil der Tourismus auf der ganzen Welt lahmgelegt ist, fallen auch die Geschäfte in den europäischen Destinationen wie Mailand, Paris oder London grösstenteils weg.

Trotzdem sieht Jean-Claude Biver in der aktuellen Notlage auch Chancen. Der gebürtige Luxemburger, der im Vorjahr seinen Wohnsitz vom Genfersee ins schwyzerische Schindellegi verlegt hat, lernte in seinem Leben, Probleme als Herausforderungen zu akzeptieren und im schwierigen Geschäftsumfeld neues

Leben zu kreieren. Unter anderem baute er die Manufaktur Blancpain neu auf und verkaufte die Firma gemeinsam mit einem Partner an die Swatch Group. Später gelang ihm die Neupositionierung von Omega (ebenfalls Teil der Swatch Group). 2004 stieg Biver beim Luxusbrand Hublot ein, den er 2008 an den französischen Konzern LVMH verkaufte. Vor zwei Jahren zog er sich aus dem operativen Geschäft zurück. Doch er ist der Branche nach wie vor eng verbunden und präsidiert noch immer die Marke Hublot.

Jean-Claude Biver gilt als schollenverbundener Mensch. Vor seinem Umzug in die Deutschschweiz produzierte er auf seinem eigenen Bauernhof in der Romandie fünf Tonnen Käse pro Jahr. In der Coronapandemie sieht nun selbst der energiegeladene Erfolgsmanager

Jean-Claude Biver

einen übermächtigen «Gegner». Die Krise sei stärker als er. Trotzdem mache er alles, um sie zu besiegen: «Ich will aus ihr lernen und erfahren, wie und wann ich stärker werden kann. So bin ich für die nächste Krise gewappnet.»

Die Schliessung vieler Unternehmen sowie die Umstellung auf den Homeoffice-Betrieb haben den Geschäftsgang verkompliziert. Biver, der für sein unkonventionelles und innovatives Vorgehen bekannt ist, sagt: «Wenn die Mitarbeiter zu Hause sind und man nicht persönlich mit ihnen kommunizieren kann, werden die Abläufe schwieriger. Aber mit der heutigen Technologie kann man am Ball bleiben und die Mitarbeiter fördern, trösten und motivieren.» Die Motivation sei in Krisenzeiten besonders wichtig.

In den improvisierten Abläufen und dem beschleunigten Trend zu digitalen Kommunikationsformen sieht er auch viel Positives. Daran werde man mit Sicherheit festhalten und diese Arbeitsformen weiter professionalisieren: «Es lässt sich Geld und Zeit sparen – und die Umwelt kann entlastet werden, wenn man für Sitzungen nicht mehr reisen muss.»

Auch wenn die behördlichen Massnahmen die Wirtschaft in hohem Masse zurückgeworfen haben, geht Biver mit den verantwortlichen Politkern nicht hart ins Gericht – schliesslich seien alle von der überraschenden Situation auf dem falschen Fuss erwischt worden: «Wir sehen uns alle mit etwas Unbekanntem und Unerwartetem konfrontiert. Deshalb muss man die Behörden mit einem gewissen Abstand und mit Toleranz bewerten.»

«Die Abläufe werden schwieriger. Aber mit der heutigen Technologie kann man am Ball bleiben, die Mitarbeiter fördern, trösten und motivieren.»

Gleichzeitig erkennt Biver den Ernst der Lage und die Herausforderung, die auf den gesamten Wirtschaftsstandort Schweiz zukommt: «Es wird mehr Zeit brauchen, als wir denken, um das Virus zu besiegen – medizinisch, wirtschaftlich, gesellschaftlich. Deshalb sind grosse Anstrengungen und Geduld sowie viele Opfer und Entbehrungen nötig, um die Wirtschaft wieder auf das vorherige Niveau zu bringen.» Es brauche Mut und Innovation.

Persönlich kann der Vater von fünf Kindern die Zeit der Entschleunigung aber auch geniessen. Die Familie rücke näher zusammen, man besinne sich wieder auf die ursprünglichen Werte. Der Erfolgsmanager, der Geld nie als wichtigsten Antrieb sah, verbringt nun mehr Zeit mit seiner Frau und den Kindern.

Auch seine Hunde erhalten (noch) mehr Aufmerksamkeit. Ausserdem fahre er regelmässig mit dem Mountainbike durch die Natur. Das zeige doch, wie gut es uns in der Schweiz gehe – Krise hin oder her. Ausserdem habe er nun mehr Zeit zum Kochen und zum Lesen: «Auch das ist für mich Luxus.»

In seiner beruflichen Laufbahn betrieb Jean-Claude Biver nie Marktforschung. Er lebte quasi in seinen Marken und identifizierte sich vorbehaltlos mit ihnen. Und er fand immer wieder die perfekten Nischen, um seine Produkte in der öffentlichen Wahrnehmung zu platzieren. «Hublot» etablierte er im Weltfussball, weil viele andere Kanäle schon besetzt waren. So verlieh er dem Traditionsbrand ein neues unverbrauchtes Image. Auch Hollywood-Filme benutzte er zum Produkt-Placement, als vielen dieser Begriff noch nicht geläufig war. Und das Supermodel Cindy Crawford war eine Entdeckung von Jean-Claude Biver.

> *Auch das Supermodel Cindy Crawford war eine Entdeckung von Jean-Claude Biver.*

Nun aber orientiert er sich an grundsätzlichen Dingen. Angesichts der Coronakrise entdecke er den wahren und tiefen Sinn des Lebens: «Ich verspüre Sehnsucht nach Spiritualität und Authentizität.» Vor allem bezeichnet er die Phase der Rückbesinnung als gesellschaftliche und soziale Opportunität. Man müsse Kraft aus diesem Gefühl des Stillstands schöpfen, sonst vergebe man eine vielleicht einmalige Chance. Und auf seinen Wunsch für die Zeit nach der Pandemie angesprochen, hat er das einfachste, aber grösste Anliegen: «Gesundheit und Glück für meine Familie.»

Sepp Blatter

«Panik bringt uns nicht weiter»

Der frühere Fifa-Präsident Sepp Blatter, 84, ist ein Zeitzeuge des 20. Jahrhunderts. Dass sich Menschen um Toilettenpapier streiten, hat er aber noch nie erlebt.

Gelassen nippt er an einer Tasse Espresso und lehnt sich in seinem roten Ledersessel zurück: «Was sich momentan in der Schweiz abspielt, ist schon fast absurd. Menschen prügeln sich um eine Packung Toilettenpapier.» Der frühere Fifa-Präsident Sepp Blatter hat einen eigenen Blick auf die Coronakrise – weil er in seinem Leben schon mehr gesehen hat als die meisten seiner Mitmenschen: Als Kind erlebte er den Zweiten Weltkrieg, als Berufsmann bereiste er über 200 Länder und sah mehr Leid und Elend, als zu verkraften ist. Deshalb sagt er heute: «Ein wenig Gelassenheit täte allen gut. Wir dürfen nicht vergessen, dass es uns in der Schweiz noch immer sehr gut geht.»

Herr Blatter, Sie sind vor kurzem 84 Jahre alt geworden. Wie haben Sie gefeiert – in Zeiten des Coronavirus?

Am 10. März war der Druck noch nicht so gross. Ich war in Visp bei meiner Familie – wir gingen Mittagessen mit meinen beiden Brüdern Peter und Marco, mit meiner Tochter Corinne und ihrem Ehemann Dominik Andenmatten und meiner Enkelin Selena. Am Abend zwischen sechs und acht Uhr feierten wir im Bistro von Dominik, das «Napoleon» in Visp, bei einem Apéro Riche mit rund 50 Personen.

Ihr Schwiegersohn führt ein Bistro. Wann musste er den Betrieb schliessen?

Er schloss das «Napi» am Sonntag, den 15. März – weil er wusste, dass am Montag die kantonale Verfügung eintritt und er nicht mehr öffnen kann.

Wie ging es ihm dabei?

Für ihn war es nicht zuletzt emotional ein schwerer Schlag. Dominik ist Wirt mit Leib und Seele und steht sieben Tage pro Woche am Tresen. So wurde ihm sozusagen der Lebensinhalt entrissen. Meine Tochter Corinne führt eine Wäscherei. Diese ist vom Lockdown noch nicht betroffen. Ihre Sprachschule aber musste sie schliessen. Meine Enkelin Selena macht eine Ausbildung als Sozialpädagogin in einem Heim für schwer erziehbare Kinder. Auch diese Institution ist geschlossen. Deshalb arbeitet Selena nun quasi im Homeoffice.

> «Plötzlich kam ein Meldeläufer der Gemeinde mit einer Trompete und hängte einen Zettel an die Wand: ‹Mobilmachung›.»

Haben Sie eine solche Situation schon einmal erlebt?

Ja, im Zweiten Weltkrieg. Es war das Jahr 1939. Wir verbrachten die Sommerferien auf einer Alp. Mein Vater, Joseph, war bestens gelaunt. Dann kam plötzlich ein Meldeläufer der Gemeinde mit einer Trompete und hängte einen Zettel an die Wand: «Mobilmachung». Mein Vater war Büchsenmacher – und musste sofort einrücken. Doch er verbrachte den Aktivdienst nicht direkt an der Grenze, sondern in einem Kommandoposten seines Bataillons im Dörfchen Termen – oberhalb von Brig. Ich kann mich genau daran erinnern, denn wir besuchten ihn während der Sommerferien.

Empfanden Sie die Zeit während des Krieges als entbehrungsreich?

Hunger hatten wir nicht. Aber die Zeit war insofern nicht ganz leicht, als Leute aus der Arbeiterklasse wie wir keinen Zugang zu Früchten wie Mandarinen oder Bananen hatten. Wir besassen auch keine teuren Spielzeuge wie Trottinetts oder Rudervelos.

Wie versorgte man sich damals?

Im Zweiten Weltkrieg lautete das Credo: Selbstsorge. Jeder musste für sich selber schauen – und sein Essen selber anbauen oder produzieren. Die meisten Familien im Oberwallis hatten einen Garten – so auch wir. Wir bauten Früchte und Gemüse an und besassen zusammen mit Verwandten ein Schwein. Mit anderen Worten: Ein halbes Schwein gehörte uns. Ausserdem hielten wir Hühner. Die Menschen bekamen Rationierungskarten – in roter Farbe. Es war dasselbe Rot wie die damaligen Versicherungskarten. Mit diesen Rationierungskarten herrschte ein reger Tauschhandel. So bekamen wir für unsere Eier und Früchte andere Güter. Es herrschten aber auch andere Restriktionen. Zum Beispiel durften wir nicht Fussball spielen – weil sonst die Schuhe kaputtgegangen wären. Nun befinden wir uns wieder in einer kriegsähnlichen Situation, einem Krieg gegen einen unsichtbaren Feind. So ist auch die Teilmobilmachung der Armee zu erklären. Wobei zu sagen ist: Bei der Ankündigung machte die Vorsteherin des Militärdepartements eine bessere Figur als der Armeechef. Weshalb der Armeechef bei seinem Auftritt nicht einmal aufstand, kann ich nicht nachvollziehen.

Hatten Sie Angst um Ihren Vater?

Ja, vor allem als die Bomben auf Schaffhausen fielen. Plötzlich war der Krieg in der Schweiz und auch im Wallis eine echte Bedrohung. Schliesslich hatten wir in Visp mit der Lonza eine Fabrik, die durchaus ein strategisches Ziel war. Mehrmals ertönte in der Nacht Bombenalarm. Das war kein schönes Gefühl. Denn einen Luftschutzbunker gab es in unserem Haus nicht.

Ging es nach dem Krieg schnell wieder aufwärts?

Wir merkten schon 1944, dass die Versorgungslage allmählich besser wurde. Nach dem Waffenstillstand war es dann sehr schnell wieder relativ normal. Wir fühlten uns wie im Paradies. Der Höhepunkt waren jeweils die Mittagessen in Domodossola.

Was denken Sie über den aktuellen Notstand?

Die Situation ist mir fast ein wenig unheimlich. Noch vor drei Wochen hätte ich einen solchen Zustand nicht für möglich gehalten. Nicht einmal mehr nach draussen gehen zu können, ist sehr speziell. Und auch dass die Schulen geschlossen sind, macht mir grosse Sorgen. Damit lasten wir uns ein schweres soziales und gesellschaftliches Problem auf. Wie soll man den Lernprozess weiterführen, wenn die Schliessung noch länger dauern sollte? Dass sich die Lage bis Ende April entspannt, glaube ich nicht. Dafür müsste ein Weltwunder geschehen. Doch Wunder geschehen selten. Sollte die Schulen länger geschlossen bleiben, verbauen wir unseren Kindern das Recht auf Bildung. Und das wäre eine Katastrophe.

«Bleiben die Schulen länger geschlossen, verbauen wir unseren Kindern das Recht auf Bildung – eine Katastrophe.»

Welches Zeugnis geben Sie unserer Regierung?

Die Massnahmen, die sie veranlasst, sind richtig. Der Bundesrat handelt. Dies hinterlässt einen guten Eindruck. Aber die Kommunikation lässt zu wünschen übrig. Mir fehlen die Überzeugungskraft und die Energie in der Botschaft. Auch müsste man den Menschen Mut machen und Vertrauen vermitteln. So würde in den Geschäften kein Ausnahmezustand herrschen – die Menschen würden sich nicht um einen Sack Mehl oder um eine Packung Toilettenpapier streiten. Die Versorgung ist schliesslich gewährleistet. Wir dürfen nicht vergessen: In der Schweiz geht es uns gut. Wir haben eine funktionierende Infrastruktur, eine gute medizinische Versorgung und genug zu essen.

Wie hat sich Ihr Verhalten in dieser extremen Situation geändert – schliesslich gehören Sie zur statistischen Risikogruppe...

Momentan verlasse ich das Haus nur in Ausnahmefällen. Ich habe eine Hilfe, die mir zu Seite steht, für mich einkauft und den Haushalt erledigt. Das ist nun sehr wichtig.

Sind Sie in ärztlicher Behandlung?

Ich hätte eigentlich Anfang April am Rücken operiert werden sollen. Doch weil ich nicht als Notfall gewertet werde, ist dieser Eingriff aufgeschoben.

Sie sind ein guter Gast in Zürcher Restaurants. Was nun?

Das stimmt, normalerweise esse ich einmal pro Tag im Restaurant – allerdings immer in Gesellschaft. Ich würde nie alleine essen gehen. Das wäre mir zu trist. Ich lege Wert auf gute Gesellschaft. In meinem ganzen Leben war ich sozusagen Kommunikator und Gesellschafter. Das begann schon in meiner Jugend, als ich in den Hotels in verschiedenen Positionen arbeitete. Der Kontakt zu Menschen ist mir sehr wichtig – und diese Nähe fehlt mir momentan sehr.

Können Sie selber kochen?

Selbstverständlich. Spiegeleier sind meine Spezialität. Und auch mit Pasta und Salat kann ich dienen.

Haben Sie Angst, dass es Ihnen langweilig werden könnte?

Nein. Ich habe so viel zu lesen und zu schreiben, dass ich den ganzen Tag beschäftigt bin. Und dass ich alleine zu Hause bin, ist nichts Neues. Ich war in meinem Leben zwar dreimal verheiratet, aber lebte trotzdem oft alleine. Mein Beziehungsleben verlief nicht immer nach streng religiösem Prinzip.

Im Fernsehen läuft momentan kaum Sport. Was schauen Sie sich an?

Vor allem Newssendungen – aber das mache ich nicht nur jetzt. Neben den Schweizer Nachrichten beginnt es am Morgen mit den französischen News, dann kommt CNN, später Al Jazeera, RT aus Russland. Es ist sehr spannend, wie die verschiedenen Länder mit der Coronakrise umgehen.

Sie sprachen den Sport an. Am Dienstag entschied die Uefa, die Euro um ein Jahr zu verschieben. Wie kommentieren Sie das?

Dieser Entscheid war unabwendbar. Ein Turnier in der aktuellen Situation in zwölf Ländern durchzuführen, wäre undenkbar und unverantwortbar gewesen. Das grenzenlose Europa existiert derzeit nicht mehr – obwohl das Coronavirus keine Grenzen kennt.

Aber nun kommt es zur Terminkollision mit der Klub-WM der Fifa 2021.

Dies ist ein Wettbewerb, der überflüssig ist und einer Idee des amtierenden Fifa-Präsidenten entsprang. Der Klubfussball gehört den Konföderationen – beispielsweise der Uefa. Die Fifa ist für die Nationalteams zuständig. Diese Gewaltentrennung sollte bleiben. Aber der amtierende Fifa-Präsident ist von diesem Realitätssinn weit entfernt. Er scheint von der Megalomanie angetrieben. Gianni Infantino hat die Tendenz, alles zu übertreiben. Dabei wäre nun der exakt richtige Moment, das Tempo der Expansion und der Gewinnsucht zu drosseln.

Ist es realistisch, dass die nationalen Meisterschaften noch fertiggespielt werden können?

Ja. Die Absage der Euro gibt den nationalen Ligen neuen Spielraum. Man muss die Meisterschaften unbedingt zu Ende spielen – auch wenn sich die Saison bis in den Sommer oder sogar Herbst erstrecken sollte.

Wie lange könnte der Fussball diesen Stillstand noch aushalten?

Der Fussball wird dies überleben. Aber vielleicht braucht es mehr Realitätssinn und eine Rückkehr zur Normalität. Letztlich wird das Fernsehen ein gewichtiges Wort mitsprechen. Denn die Stationen wollen für ihre Milliarden-Investitionen den Zuschauern ein Produkt bieten. Und sie werden mitbestimmen, dass gespielt wird.

Wie beurteilen Sie die Verschiebung der Olympischen Spiele?

Das war ein unabwendbarer Entscheid. Die Durchführung wäre sehr schwierig geworden. Bei Olympia handelt es sich um einen Anlass mit über 10'000 Sportlern aus 200 Ländern – und nochmals so viele Betreuern. Bei einer Umfrage in Japan sprachen sich schon im März 50 Prozent der Menschen gegen die Austragung aus.

Was würden Sie als Sportführer tun?

Als Fifa-Präsident würde ich die Klub-WM zur Diskussion stellen. Und als IOK-Präsident Thomas Bach hätte ich schon früher nicht nur jenen zugehört, die die Sommerspiele unbedingt durchführen wollten, sondern auch denjenigen, die dagegen waren. Aber Bach ist als früherer Fechter ein Einzelsportler und kein Teamplayer.

> *«Ebola war eine in jeder Beziehung tödliche Krankheit... Die aktuelle Panik in der Schweiz ist vor diesem Hintergrund fast ein bisschen surreal.»*

Sie kennen die ganze Welt – vor allem auch Afrika. Wie schätzen Sie die Coronakrise im historischen Vergleich ein?

Ebola war eine in jeder Beziehung tödliche Krankheit – sie traf alle. Krieg ist immer Mord und Totschlag. Schon in der Bibel ist von den sieben Plagen die Rede. Die aktuelle Panik in der Schweiz ist vor diesem Hintergrund fast ein bisschen surreal. Heute ist die Kommunikation viel schneller und intensiver. Deshalb werden auch Hysterie und Panikmache immer lauter.

Gibt es Grund zur Hoffnung?

Definitiv. Ich schreibe meinen Freunden: Wir haben nun Zeit und Geduld. Die Zeit können wir nicht beeinflussen. Aber die Geduld müssen wir bewahren. Alles wird gut, und wenn es nicht gut ist, ist es noch nicht fertig.

Wagen Sie eine Prognose?

Ich gehe davon aus, dass das Problem so schnell verschwindet, wie es gekommen ist. Der Wirtschaft tut es kurzfristig weh. Aber wir müssen alle etwas zurückbuchstabieren. Nur die Schulen machen mir Sorgen: Denn diese Zeit kann man nicht aufholen.

Was raten Sie Ihren Mitmenschen?

Es wäre wohl der richtige Moment, um in sich zu gehen und besinnlich zu werden – vor allem wären etwas Gelassenheit und Demut gefragt. Letztlich stellt die aktuelle Lage unsere ganze Konsumgesellschaft infrage. Muss wirklich immer alles besser, teurer und moderner werden? Das gilt auch für den Sport: Es muss nicht immer höher, weiter und schneller sein. Und es muss nicht immer mehr Fussball gespielt und mehr Geld damit verdient werden. In einer ausserordentlichen Situation ist vor allem Disziplin verlangt – Selbstdisziplin. Und Solidarität. Dieses Problem können wir nur alle gemeinsam lösen.

Back in the USSR

Die gebürtige Russin Tatiana Bogdanova arbeitet in einer Coop-Filiale in der Zürcher Gemeinde Maur. In der Coronakrise erlebte sie, wie ihre Arbeit quasi über Nacht eine unerwartete Steigerung der Wertschätzung erfuhr.

Das Coronavirus hat auch an den Kassen der Detailhändler so einiges verändert. Ich hätte mir noch vor Kurzem nicht vorstellen können, dass sich wildfremde Menschen dafür bei mir bedanken, dass ich meine Arbeit mache – und dass wir von der Konzernleitung einen ausserordentlichen Bonus (im Rahmen von Gutscheinen) für unseren Einsatz bekommen. Mit dem Lockdown änderte sich einiges schlagartig: Für viele unserer Kunden war es nicht mehr selbstverständlich, dass unser Geschäft überhaupt geöffnet war und wir ihnen weiterhin mit Rat und Tat zur Verfügung standen. So waren sie entsprechend zuvorkommend und wollten uns sogar Trinkgeld in die Hand drücken. Ich musste ihnen dann aber jeweils sagen, dass wir dies nicht annehmen dürfen.

Weil wir in unserer Filiale vor allem auf Getränke spezialisiert sind, war es anfänglich nicht ganz klar, ob der Lockdown für uns eine temporäre Schliessung bedeuten würde. Unser Filialleiter vertrat dann jedoch sehr resolut einen logischen Standpunkt: «Ohne zu essen kann der Mensch mehrere Wochen überleben, ohne zu trinken aber kaum zwei Tage.»

Wie wichtig unsere Arbeit für die Öffentlichkeit ist, liess sich auch an einem Schreiben von der HR-Abteilung ablesen, das wir am 21. März erhielten. Weil es zu diesem Zeitpunkt nicht sicher war, ob der Bundesrat eine totale Ausgangssperre wie in Frankreich oder Spanien verhängen würde, wurde uns ein «Passierschein» mit folgender Formulierung ausgestellt: «Wir bestätigen, dass Frau Tatiana Bogdanova in der Funktion als Verkäuferin Food mit vertraglichem Arbeitsort Maur in unserem Unternehmen angestellt ist. Damit der Grundversorgungsauftrag des Bundes sichergestellt werden kann, ist Coop auf das gesamte Personal angewiesen. Aus diesem Grund ist obgenannte Mitarbeitende von der Ausgangssperre insofern zu befreien, als dass der Arbeitsweg zum aktuellen Einsatzort zurückgelegt werden kann. Infolge der besonderen Umstände und zur Sicherstellung der Betriebsabläufe besteht die Möglichkeit, dass der Arbeitseinsatz nicht am angestammten bzw. vertraglichen Arbeitsort erfolgt.»

Als ich diesen Brief in den Händen hielt, musste ich schmunzeln, denn irgendwie erinnerte er mich an meine Jugend. Ich wuchs zu Sowjetzeiten in Rostow am Don auf. Im Kommunismus war der Staat die mächtigste Instanz und bestimmte den Freiraum der Menschen quasi auf den Zentimeter genau.

Was wir durften und was nicht, stand in der Macht der Obrigkeit. Auch die Versorgung war zentral geregelt. Lebensmittel beispielsweise konnten nur in einem sogenannten «Produktovy-Magazin» (Lebensmittelgeschäft) bezogen werden.

Doch zurück ins Hier und Jetzt der Schweiz. Als ich Anfang April zur örtlichen Migros-Filiale kam, wähnte ich mich ebenfalls an den Anfang der 1990er-Jahre in meine alte Heimat zurückversetzt: eine lange Warteschlange schon vor Ladenöffnung – und später

Tatiana Bogdanova

im Geschäft leere Regale und Menschen, die sich um die letzte Packung Toilettenpapier stritten. Bemerkenswerterweise hamsterten die Kunden ausgerechnet jene Produkte, die bereits in der Sowjetunion als Notvorrat äusserst begehrt waren: Zucker, Mehl, Pasta, Kartoffeln, WC-Papier, Shampoo. Zwar versicherte das Ladenpersonal glaubhaft, dass die Lieferkette funktioniere und kein Versorgungsengpass bestehe, doch die Schweizer blieben davon unbeeindruckt. Sie füllten ihre Einkaufswagen mit Proviant für einen ganzen Monat. Mindestens.

> «Es wurden ausgerechnet jene Produkte gehamstert, die schon in der Sowjetunion als Notvorrat hochbegehrt waren.»

In Russland gab es vor rund dreissig Jahren einen realen Grund für diesen Aktivismus. Weil Boris Jelzin das Preisniveau an das kapitalistische System anpassen wollte, deckten sich die Menschen mit Gütern zu kommunistischen Konditionen ein. In der Schweiz gehe ich jedoch davon aus, dass der Preis von WC-Papier (sechs Rollen für Franken 4.90) stabil bleibt.

Oder doch nicht? Als ich mich am folgenden Sonntag auf der Online-Plattform Ricardo umschaute, war dort eine Rolle Toilettenpapier ab vier Franken zur Versteigerung ausgeschrieben. Das nennt sich Wertsteigerung in der freien Marktwirtschaft.

Auch an meinem Arbeitsort machte ich eine überraschende Bekanntschaft – mit einer jungen Russin, die in den sozialen Medien davon erfahren hatte, dass bulgarischer Obstbrand im Kampf gegen das Coronavirus ein besonders effizientes Mittel sei. Weil dieses Destillat in der Schweiz aber nicht erhältlich ist, griff sie zur logischen Alternative: Williams (Birnenschnaps). Und weil es nicht absehbar ist, wie lange der Vorrat reichen muss, räumte sie gleich das ganze Regal leer. Die Frau handelte aus respektablen medizinischen Gründen. Ihr Leben dürfte durch den Williams allerdings nicht entscheidend verlängert werden.

Tatiana Bogdanova

«Das Coronavirus wird uns noch mehrere Monate beschäftigen»

Wie das Coronavirus nach Europa kam und weshalb die Schweiz bei dessen Bekämpfung eine wichtige Rolle spielt. Ein Besuch bei Professor Onur Boyman in der Klinik für Immunologie des Universitätsspitals Zürich.

Das Coronavirus hat das Universitätsspital Zürich fest im Griff. Seit Mitte März ist das Tragen von Gesichtsmasken für Personal und Patienten Pflicht. Überall machen rote Schilder darauf aufmerksam, wie man sich am besten vor dem heimtückischen «Gegner» schützt. Professor Onur Boyman (45) sitzt am Schreibtisch in seinem Büro und lässt die beiden Reporter eintreten. Der Empfang ist herzlich, aber distanziert. Man grüsst sich in gebührendem Abstand und nimmt in zwei Metern Entfernung voneinander Platz. Boyman ist Direktor der Klinik für Immunologie am grössten Schweizer Spital und wie alle Menschen des Landes mit einem Ausnahmezustand konfrontiert: «Niemand hätte gedacht, dass wir so etwas je erleben. Aber nun geht es darum, dass wir dieses Problem geordnet in den Griff bekommen.» Eine schnelle Lösung sei illusorisch: «Das Coronavirus wird uns noch mehrere Monate beschäftigen. Und nur wenn sich alle an die Hygienevorschriften sowie die Anweisungen der Behörden halten, kann sich die Lage entspannen.»

Boyman ist eine Koryphäe auf seinem Gebiet. In Kopenhagen wurde der Schweizer mit türkischen Wurzeln mit dem Goldpreis der LEO Pharma Research Foundation ausgezeichnet, in Zürich mit dem Georg Friedrich Götz Preis für besondere Leistungen in der medizinischen Forschung. Vor zehn Jahren erhielt er die Professur des Schweizerischen Nationalfonds. Trotz seiner wissenschaftlichen Meriten spricht er eine

Onur Boyman

leicht verständliche Sprache, formuliert komplexe Zusammenhänge auch für den Laien verständlich. Die pandemische Verbreitung des Coronavirus vergleicht er mit einer «extrem schnellen Schneeschmelze». Verlangsame man in dieser Situation die Geschwindigkeit des Prozesses nicht, drohe der Stausee zu überfluten, was unweigerlich zu einer katastrophalen Überschwemmung führe. Bezüglich des Coronavirus heisst dies: Wenn man jetzt alles Mögliche unternehme, um die Ansteckungswelle zu verlangsamen, werde unser Medizinsystem die Belastungsprobe bestehen. Wichtig ist Boyman: «Noch ist die Lage in der Schweiz kontrollierbar, aber ernst.»

Doch die Zeit drängt. Eher früher als später werde das Universitätsspital Zürich zum «Covid-19-Spital». Schon jetzt stellte Boyman Ärztinnen und Ärzte für die spezielle Covid-19 Notfall- und Bettenstation ab. Ausserdem wurde im Diagnostiklabor der Klinik für Immunologie die Anzahl der Allergietests heruntergefahren, um vermehrt Covid-19-Tests anbieten zu können. Entscheidend sei es, durch eine detaillierte Kenntnis der Immunantwort gegen das Coronavirus die Patienten mit Covid-19 zu triagieren und sich folgende Fragen zu stellen: Wer wird einen schweren Verlauf aufweisen? Wer benötigt Intensivpflege? Wer kann auf einer normalen Station behandelt werden? Wer kann sich zu Hause auskurieren?

Boymans sorgenvoller Blick geht nach Italien, wo zu Beginn der Woche rund 60'000 Personen als infiziert getestet wurden und die Mortalitätsrate bei fast zehn Prozent lag. Aufgrund der lückenhaften Tests dürfte die Zahl der Infizierten aber rund 10 bis 20 Mal höher sein. Dass diese dramatische Entwicklung auf die medizinische Infrastruktur Italiens zurückzuführen sei, verneint er: «In norditalienischen Spitälern herrschen ähnliche medizinische Standards wie bei uns. Das Land verfügt über hochqualifizierte Ärztinnen und Ärzte sowie über eine moderne Infrastruktur.» In Norditalien sei das Coronavirus ein von der Textilindustrie importiertes Problem. Tatsächlich: Mit rund 60'000 chinesischen Gastarbeitern verfügt der Norden Italiens über eine der grössten «Enklaven» aus dem bevölkerungsreichsten Land der Erde, wo Ende letzten Jahres die derzeitige Covid-19-Pandemie begann.

Historisch ist die momentane Epidemie kein Ausnahmefall – es werden immer wieder Viren vorkommen, die sich so verändern, dass man daran erkrankt.

Doch auch so dürfe man keine Zeit verlieren. Für Boyman zielen die Weisungen des Bundesamtes für Gesundheit in die richtige Richtung. «Wir müssen die soziale Distanzierung konsequent einhalten – bei einem Abstand von 1,5 bis zwei Metern.» Ausserdem seien Kontakte ausserhalb der eigenen Familie derzeit auf ein Minimum zu reduzieren – und die Handhygiene sei pedantisch einzuhalten: «Wenn man sich im öffentlichen Raum bewegt, wenn man Türklinken anfasst und Knöpfe drückt, wenn man mit Waren in Berührung kommt, muss man konsequent die Hände waschen und desinfizieren, bevor man sich ins Gesicht fasst.» Auf keinen Fall dürfe man sich mit unsauberen Händen ins Gesicht greifen: «Über Mund, Nase und Augen gelangen die Viren in den Körper.»

Im Gespräch mit Boyman erhält die immer wieder proklamierte Solidarität eine reale Bedeutung. Menschen jüngeren und mittleren Alters haben vom Coronavirus tendenziell wenig zu befürchten. Aber genau sie sind es, die das Virus weitergeben und damit die ältere Bevölkerungsgruppe gefährden. Weshalb ältere Menschen vom Virus besonders bedroht sind, erklärt der Immunologe mit plausiblen Worten: «Senioren haben eher Vorerkrankungen, bewegen sich erfahrungsgemäss weniger und ernähren sich weniger bewusst. Ausserdem kann das Immunsystem im hohen Alter ‹Lücken› aufweisen.» Die Summe daraus schwäche die Immunantwort gegen Krankheitserreger – wie übrigens auch Stress und Hektik im Alltag sowie Schlafentzug.

Historisch ist die momentane Epidemie kein Ausnahmefall: «Dies gab es in der Vergangenheit, dies wird es in der Zukunft geben. Es werden immer wieder Viren vorkommen, die sich so verändern, dass man daran erkrankt», so Boyman. Der wichtigste Unterschied zu früheren Seuchen oder gar zu den biblischen Plagen liegt für den Immunologen in der heutigen Mobilität und globalen Vernetzung; und damit im Tempo der Verbreitung. Boyman ist sich deshalb sicher: «Als im Dezember bei uns die ersten Meldungen von Covid-19-Opfern im chinesischen Wuhan eintrafen, war das Virus bereits in Europa.» Aufhalten lasse sich diese Entwicklung kaum mehr. Dass das Coronavirus in Afrika noch kein grosses Thema ist, hat für den Fachmann vor allem einen Grund: «Wenn nicht getestet werden kann, weiss man nichts.»

In Schweden setzt man auf das Prinzip der «Durchseuchung». Dabei lässt man dem Virus freien Lauf, bis sich 50 bis 60 Prozent der Bevölkerung angesteckt haben und deren Immunsystem gegen den Krankheitserreger eine schützende Immunität entwickelt hat. Dies wiederum dämmt die Verbreitung des Krankheitserregers ein. Medizinisch-wissenschaftlich sei dies eine theoretisch zulässige Gangart, die aber moralisch und ethisch ein höchst fragliches Experiment darstelle, so Boyman.

Wieder verweist er auf Italien, wo zuletzt 800 Menschen starben, für die es keinen Platz mehr auf der Intensivstation gab: «Ich möchte als Arzt nicht in die Situation geraten, in der ich entscheiden muss, wem ich aus Kapazitätsgründen die Intensivpflege verweigere. Wir leben glücklicherweise in einem Land, in dem jedes Menschenleben zählt.»

Den Schlüssel zur Bekämpfung der Pandemie sieht Boyman in der Adaptation des «chinesischen Modells». Durch die konsequente Isolation habe man die Situation in den Griff bekommen. Ob diese von oben oder «aussen» diktierten Massnahmen aber auch in einer Demokratie anwendbar sind, hängt von der «inneren» Disziplin der Bevölkerung ab: «Der Antrieb dazu muss von jedem Einzelnen kommen. Wenn wir alle mitmachen und uns an die Weisungen der Fachleute und Behörden halten, stellen wir vielleicht schon in drei Wochen eine Besserung fest.» Soziologisch sieht Boyman in der Schweiz eine gute Grundlage: «Wir sind ein gut gebildetes Volk und haben das Bewusstsein, uns an politischen Entscheidungen zu beteiligen.»

Auch der technische Fortschritt könnte einen wertvollen Beitrag leisten. Mit der Rückverfolgung der Handydaten liessen sich die Kontaktpersonen von Infizierten eruieren und so die «kritischen» Personen ausfindig machen: «In China und Israel wurde dieses Instrument mit Erfolg angewendet.» Dass dieses Vorgehen in der Schweiz die Datenschützer auf den Plan rufen könnte, ist für Boyman klar. Doch er entgegnet: «Wir befinden uns in einer ausserordentlichen Lage. Es geht darum, Menschenleben zu retten.» Grundsätzlich setzt er auf emotionale Mässigung. Vieles werde momentan überzeichnet dargestellt. Boyman sagt lächelnd: «Bei Weltuntergangsszenarien kenne ich mich nicht speziell aus – und Verschwörungstheorien gehören ebenso wenig zu meinen Kernkompetenzen.»

Dafür setzt er alles daran, die Forschung nach einem Impfstoff und nach Medikamenten voranzutreiben. Im Forschungslabor der Klinik für Immunologie wird unter Hochdruck daran gearbeitet, die Covid-19-Patienten nach immunologischen Kriterien zu triagieren – ältere Patienten mit Immunlücken und jüngere mit überschiessenden Immunreaktionen. So erhalte man ein neues Instrument, um die Auswirkung des Virus auf das Immunsystem zu beurteilen und den Krankheitsverlauf vorauszusagen. In China und in den USA seien bereits erste Vakzinen (Impfstoffe) im Test. Bis aber eine Impfung gegen das Coronavirus auf dem Markt ist, werde es noch dauern. Boyman geht davon aus, dass dies 2021 der Fall sein wird. Schon früher könnten Medikamente zum Einsatz kommen. Zu hören ist beispielsweise, dass HIV-Mittel oder das Malariapräparat Hydroxychloroquin helfen könnten. Boyman relativiert: «Diese Aussagen basieren auf Beobachtungen und noch nicht auf fundierten Studien.»

Falls sich diese Einschätzungen aber bestätigen und ein neues Mittel gefunden werde, müsse dies unbedingt im beschleunigten Verfahren zugelassen werden, so Boyman. Die «passive Immunisierung» sei ebenfalls eine Möglichkeit. Mit anderen Worten: Dem Blut von geheilten Covid-19-Patienten können Antikörper entnommen und einem an Covid-19 Erkrankten zugeführt werden. Dieses Verfahren habe allerdings nur eine kurze Wirkdauer (mit einer Halbwertszeit von drei Wochen), sei sehr aufwendig in der Gewinnung und Aufreinigung und deshalb nur für den medizinischen Notfall sinnvoll. Ganz im Gegensatz zu einer Vakzine, die eine «aktive Immunisierung» bewirke und somit meistens zu einem lebenslangen Schutz gegen den Krankheitserreger führe.

«Ich bin Optimist. Wenn wir uns kollektiv an die Weisungen halten, lässt sich der ‹Brand› eindämmen.»

So oder so ist von der Schweizer Bevölkerung Geduld gefordert. Rein medizinisch sei die Situation erst dann kontrollierbar, wenn sich 50 bis 60 Prozent der Schweizer mit dem Virus infiziert haben – «weil diese Menschen ein immunologisches Gedächtnis, also eine Immunität entwickeln und das Virus nicht mehr so leicht weitergeben.» Boyman erhebt sich aus seinem Sessel und sagt: «Ich bin Optimist. Wenn wir uns kollektiv an die Weisungen halten, wird sich der ‹Brand› eindämmen lassen.» Und zum nächsten Feuer soll es gar nicht kommen. Denn die Wissenschaft will das Coronavirus quasi mit den eigenen Waffen schlagen: durch die globale Vernetzung und die kurzen Findungswege im weltweiten wissenschaftlichen Fortschritt. Onur Boyman und die Immunologie des Universitätsspitals Zürich spielen darin eine wichtige Rolle.

Hauptbahnhof Zürich, 29. März 2020

«Ich wünsche mir, dass wir nicht so schnell vergessen»

Die 41-jährige Zürcherin Steffi Buchli **ist eine der Schlüsselspielerinnen im Schweizer Eishockey. Als Programmleiterin und Moderatorin repräsentiert sie den Bezahlsender «MySports». Durch den Abbruch der Saison ist auch ihr Geschäft eingefroren.**

Eigentlich wäre im März und April in den MySports-Studios in Erlenbach Hochbetrieb – und die Meisterschaftsentscheidung im Eishockey würde nach allen Regeln der Fernsehkunst ausgekostet. In der Expertenrunde würde Sven Helfenstein im Dandylook ein paar lockere Sprüche klopfen, Ueli Schwarz mit pastoralem Unterton über das Transition Game referieren, Daniel Steiner die Nachwuchsarbeit zwischen Langnau und Oerlikon loben und Schiedsrichterbeschützer Nadir Mandioni die Matchstrafe gegen Biel-Haudegen Beat Forster rechtfertigen. Steffi Buchli würde die Runde moderieren – mit Charme, Schalk und Fachkompetenz – und einmal mehr beweisen, dass der schnelle Mannschaftssport schon lange keine Männerdomäne mehr ist. Doch statt krachender Checks und donnernder Slapshots regieren Ungewissheit und Ohnmacht.

Noch weiss niemand, wann es wieder Spitzensport vor Publikum gibt – und welche Konsequenzen auf Klubs und Medien zukommen. Steffi Buchli erklärt die Hintergründe und wirft auch einen persönlichen Blick auf den Ausnahmezustand.

Steffi Buchli. Die Schweiz befindet sich seit Mitte März im «Notstand». Wie gehen Sie persönlich mit der Krise um?

Ich habe ja an sich ein sonniges Gemüt, doch ich muss sagen, dass mir die letzten Wochen ziemlich nahegegangen sind. Ich habe oft innegehalten und mich gefragt: Wo sind wir da nur reingeraten? Der medizinische Aspekt ist das eine, der wirtschaftliche beschäftigt mich allerdings genauso. Irgendwie fällt im Moment gerade vieles, was sorgfältig aufgebaut wurde, in sich zusammen.

Was bedeutete die Absage der Eishockey-Saison für MySports?

Wir wurden von 100 auf 0 runtergebremst. Eine krasse Situation. Natürlich haben wir die Absage irgendwann kommen sehen. Wir mussten aber mehrere Wochen lang weiterplanen, als ob nichts wäre. Wir hatten ständig drei bis vier Programmplanungsoptionen auf dem Tisch liegen. Das war eine riesige mentale Herausforderung. Am Ende war die Absage fast so etwas wie eine Erleichterung. Verstehen Sie mich nicht falsch, aber es war wichtig, irgendwann Gewissheit zu haben, wie es weitergeht. Dann haben wir natürlich sofort versucht, die kommerziellen Folgen abzuschätzen. Es begann eine Zeit, die geprägt war (und ist) von schwierigen Gesprächen. Gespräche mit Verbänden und Agenturen, Gespräche mit unserem Mutterhaus UPC und den anderen MySports-Partnern. Ich hatte täglich mit Leuten zu tun, die wie der Esel am Berg standen und sich mit Problemstellungen konfrontiert sahen, die sie sich nicht in den wildesten Träumen hätten ausdenken können. Ich spürte und spüre im geschäftlichen Umgang ganz viel Angst und Verunsicherung.

Steffi Buchli

«Ich habe an sich ein sonniges Gemüt, doch die letzten Wochen sind mir ziemlich nahegegangen.»

Und dann waren da natürlich noch unsere 50 Angestellten, die Orientierung in dieser Situation benötigten. Unser Team besteht zu einem grossen Teil aus kreativen Köpfen. In diesen Köpfen hat es weitergerattert, die wollten produzieren, ihren Job machen. Wir mussten dann vor die Crew stehen und sagen: «Stopp, jetzt machen wir mal gar nichts mehr und orientieren uns neu.» Mein MySports-Corona-Leben ist klassisches Krisenmanagement. Sehr lehrreich, aber es zerrt auch an den Nerven.

Sie taten Ihren Ärger über den Meisterschaftsabbruch öffentlich kund und sprachen sich für Geisterspiele aus. Wie konnten die Klubs über den Kopf des wichtigsten Geldgebers die Saison einfach beenden?

Als eine Stimme von mehreren waren wir schon involviert bei der Entscheidungsfindung. Es passierte nichts über unseren Kopf hinweg. Meine Haltung betreffend der Geisterspiele stiess nicht auf grosses Verständnis. Nun sehen wir in der Bundesliga und in der Premier League, dass die TV-Stationen ganz ähnlich argumentieren. Ich versuche es jeweils so zu erklären: «Stell dir Folgendes vor: Du betreibst einen Food-Delivery und hast heute Abend eine Bestellung für 400 Portionen Vermicelles, die du ausliefern musst. Nun meldet dir dein Dessert-Lieferant im Laufe des Nachmittags, dass ihm die Deko-Kirschen ausgegangen seien. Er könne leider nicht liefern.» Was sagst du? Ok, kein Problem, ich erkläre das den 400 Kunden? Wahrscheinlich nicht. Du insistierst, dass er dir 400 Mal Vermicelles ohne Deko-Kirsche liefert. Ich hoffe, die Fans verzeihen mir, dass ich sie als Deko-Kirschen bezeichne. Im Ernst: Mir ist völlig klar, dass im Normalfall Fans und Stimmung zu einem Sportanlass dazugehören. Doch aufgrund von Corona sind wir im Moment extrem weit weg von der Normalität. Man muss suboptimale Lösungen zumindest in Betracht ziehen. «Das gab's noch nie!» ist kein Argument mehr. Wer hätte vor einem halben Jahr geahnt, dass wir einen Lockdown-Frühling erleben…

Fordert MySports nun Geld zurück? Und welche Auswirkungen wird der Saisonstopp auf die Neuverhandlungen des TV-Deals haben?

Ja, das müssen wir. Wir haben selber schwerwiegende Ausfälle, die wir kompensieren müssen. Diese Verhandlungen sind am Laufen. Im Moment steht die nächste Vertragsperiode noch nicht im Vordergrund.

«Für eine einstündige Sitzung nach Bern und retour zu fahren – drei Zugstunden – das wird künftig wohl niemand mehr auf sich nehmen.»

Wie können Sie den Sendebetrieb ohne Inhalt aufrechterhalten?

Das geht natürlich dank eines starken Archivs. Unser Sender lebt im Moment, wie alle Sportsender, sehr viel von Wiederholungen. Ausserdem waren wir in der glücklichen Lage, noch einige aktuelle Projekte am Start zu haben. Wir realisierten zum Beispiel einen Dokumentarfilm über den HC Davos mit Ausstrahlungstermin während des Lockdowns. Weitere zwei Dok-Projekte im Bereich Segeln und Beachvolleyball haben wir abgeschlossen. Wir produzieren weiterhin auch regelmässig aktuelle Inhalte. Doch ganz ehrlich: Unsere Kunden und Kundinnen wollen von uns Live-Sport und den gibt's im Moment nicht. Das schläckt kä Geiss weg und diese Ausfälle kann man mit nichts kompensieren.

Haben Sie Abonnementskündigungen zu beklagen? Offerieren Sie den Kunden einen Coronarabatt?

Zum Glück halten sich die Kündigungen in Grenzen. Dies hat sicher auch damit zu tun, dass wir rasch einen Rabatt kommunizieren konnten. Das war ein wichtiges Zeichen, damit sich die Kunden nicht veräppelt vorkommen.

Wie sieht Homeoffice für eine Programmleiterin aus?

Das geht ganz gut. Ich habe mich prima eingerichtet zu Hause. Ab und zu haben wir sogar aus dem Homeoffice heraus Trailer-Aufzeichnungen gemacht. Das war richtig handgestrickt und sehr witzig. Ich glaube, dass uns eine gewisse Unkompliziertheit in der Herangehensweise beim TV-Machen auch nach Corona bleiben wird. Früher wäre es undenkbar gewesen, einen Trailer in Handy-Qualität auf den Sender zu lassen. Oder Skype-Interviews, die waren früher verpönt. Nun scheinen sie der neue Standard zu werden.

Ansonsten ist mein Alltag geprägt von vielen Calls. Ich musste mir nach einer Woche ein gutes Headset bestellen. Nun sehe ich aus wie eine Callcenter-Mitarbeiterin. Natürlich kenne ich unterdessen auch all diese Konferenz-Programme, die ich vorher verteufelt habe, in- und auswendig.

Wie verlief die Umstellung auf den Heimbetrieb?

Wir haben es innert zwei Wochen geschafft, dass unsere Schnittplätze aus dem Homeoffice steuerbar sind. Unser technischer Leiter hat mir gesagt, dass die Umsetzung eines solchen Unterfangens normalerweise drei Monate gedauert hätte. Corona ist in der Tat ein Digitalisierungstreiber. Dieser Prozess lässt sich nicht mehr aufhalten. Doch wir werden auch mit gravierenden negativen Folgen zu kämpfen haben: Die Einkommensströme aller Medien sind in den letzten Wochen geschrumpft oder gänzlich versiegt. Das ist dramatisch. Es geht wie immer darum, kreative Lösungen zu finden. Das ist die Aufgabe von uns Medienmachern.

Wird man auch künftig an den neuen Arbeitsmethoden wie Videokonferenzen festhalten?

Ich glaube, ja. Für eine einstündige Sitzung von Erlenbach, wo unsere Studios sind, nach Bern und wieder retour zu fahren – drei Zugstunden – das wird künftig wohl niemand mehr auf sich nehmen. Oder eben nur noch dann, wenn der Termin wirklich von grosser Wichtigkeit ist.

Homeschooling ist in Ihrer Familie noch kein Thema…

Nein, unsere Tochter Karlie ist vier und kommt im Sommer in den Kindergarten. In ihrem Alter ist es nicht so leicht zu verstehen, warum sie nicht einfach ins Büro reinspazieren und mit uns plaudern kann. Wir mussten ihr so gut es geht erklären, warum wir im Moment so leben. Dieser Tage fragt sie regelmässigst, wann die «Corona-Chäferli» endlich weg seien. Ich spüre bei meinen Arbeitskolleginnen und Kollegen, dass Homeschooling eine echte Belastung sein kann. Nicht jeder hat schliesslich didaktisches Talent. Diese Situation fordert uns an sich schon extrem, wenn dann noch zwei bis drei Schulkinder, die angeleitet werden müssen, dazukommen, ja dann guet Nacht am Sächsi.

Wie nutzen Sie die freie Zeit persönlich – falls es solche geben sollte?

Ich mache regelmässig Sport, was vorher oft zu kurz kam. Dafür nutze ich die Zeit, die ich sonst in den Arbeitsweg investieren muss. Das funktioniert prima. Zudem konsumiere ich weniger News als zu Beginn dieser Coronazeit. Ich musste mich hier gezielt einschränken, weil ich diesen ganzen Informationsschwall immer schlechter und schlechter zu verdauen vermochte. Unser Netflix-Abo ist relativ gut amortisiert im Moment, das muss ich zugeben. Gleichzeitig tut es gut zu merken, dass einem als Paar der Gesprächsstoff auch in einer solchen Ausnahmesituation nicht ausgeht.

Entdecken Sie vielleicht sogar Aspekte des Lebens, die sonst zu kurz gekommen sind?

Diese Coronazeit ist geprägt durch eine gewisse Langsamkeit und Ruhe. Meine Agenda – ob beruflich oder privat – ist weniger gefüllt. Das fühlt sich sehr gut an, und ich habe mich schon einige Male gefragt, ob wir es schaffen werden, einen Teil dieser Langsamkeit in die Zeit nach der Krise mitzunehmen. Das würde uns doch guttun.

Wie hat sich die Rolle der Medien in diesen Tagen verändert?

Die Unmittelbarkeit der Info-Vermittlung wird mir immer wieder bewusst: Auf dem Mobile auf Blick-TV live die BAG-Pressekonferenz schauen, dann wenn's passiert, das ist für mich Medienkonsum 2020. Ansonsten sehe ich ein Problem beim Filtern der Informationen. Selbst mir als Journalistin fällt es schwer, die Quelle einer Information verlässlich abzuklären. Wie soll es einem «normalen» Medienkonsumenten gelingen, eine gute Information von Fake News zu unterscheiden? Das ist ein Problem.

Wie beurteilen Sie grundsätzlich den medialen Umgang mit der Coronathematik?

Das Thema ist dominant, verständlicherweise. Ich persönlich bin schon ziemlich gesättigt oder überreizt. Es wird ja auch viel irrelevanter Mist geschrieben. Die sozialen Medien sind meiner Meinung nach die am wenigsten verlässlichen Quellen im Netz. Ich konzentriere mich auf die offiziellen Infos des Bundes und lese gerne Hintergrundberichte.

Es ist immer wieder von kriegsähnlichen Zuständen die Rede. Empfinden Sie die Lage als so schlimm?

Ich habe zum Glück noch nie auch nur im Ansatz einen Krieg erlebt. Die Wortwahl gefällt mir nicht, wenn wir über unsere Situation in der Schweiz reden. Wir leben auf dem Corona-Ponyhof. Bilder aus Spanien oder New York haben teilweise an Bilder aus Kriegszonen erinnert. Aber selbst hier ist der Vergleich nicht wirklich zielführend. Er zeigt wohl einfach, wie überfordert wir mit dem Gesehenen sind.

Welche positive Kraft kann man grundsätzlich aus einer solchen Krisensituation ziehen?

Ich bin überzeugter denn je, dass wir nur aus der Ruhe Kraft schöpfen können. Diese Ruhe, das in sich Gekehrte, spielt eine zentrale Rolle beim Überwinden der momentanen Krise. Corona hat uns auch gezeigt, wie wenig es braucht, um glücklich zu sein. Es muss nicht immer ein Interkontinentalflug sein, manchmal reicht auch ein Spaziergang durchs Quartier.

Sie bezeichnen die Phase der Rückbesinnung als grosse Chance?

Und wie. Davon bin ich überzeugt.

Aber klar: Wir können nicht nur auf die philosophischen Aspekte fokussieren – die Coronakrise ist ein grosses Desaster für die Welt. Punkt. Und was wir auch nicht vergessen dürfen: Ja, die Temporeduktion ist eine Chance. Doch vergisst der Mensch nicht allzu schnell? Sind wir nicht – schwuppdiwupp – wieder im alten Fahrwasser? Ich wünsche es uns nicht, ich befürchte es allerdings.

«Ja, die Temporeduktion ist eine Chance. Doch sind wir nicht – schwuppdiwupp – wieder im alten Fahrwasser?»

Was wünschen Sie sich für die Zeit nach der Krise?

Ich wünsche mir, dass wir nicht so schnell vergessen, wie's war. Dass wir mehr schätzen, was wir haben, und dass wir weniger getrieben sind. Und – ehrlich - ich freue mich jetzt schon auf ein gediegenes Abendessen in einem schönen Restaurant. Zudem glaube ich, dass wir unsere Grussformel des Händeschüttelns überdenken werden. Vor Corona haben wir ja Krethi und Plethi berührt. Ich kann mir nicht vorstellen, dass wir das je wieder machen werden.

«Jetzt ist Solidarität gefragt»

Das Coronavirus erschüttert auch den Spitzensport in seinen Grundfesten. Viele Klubs und Veranstaltungen stehen am Abgrund. FCZ-Präsident Ancillo Canepa kämpft um das Überleben seines Klubs und hofft auf ein Zusammenrücken auf allen Ebenen.

Die Sportwelt steht still: Eishockey-WM abgesagt, Giro d'Italia gestrichen, Tour de Suisse ebenso, Fussball-Euro und Olympische Spiele verschoben. Der Engadiner eingefroren. Volksläufe undenkbar. Die Eishockey-Saison geht als Unvollendete in die Geschichte ein, der ZSC ist der unausgesprochene Meister. Und die Schweizer Fussball Super League wurde von einem Tag auf den anderen gestoppt. Für FCZ-Präsident Ancillo Canepa ein herber Schlag: «Wie viele andere leiden auch wir unter diesem verordneten Arbeitsverbot.»

Canepa sieht seinen Klub in der Existenz bedroht – machen doch die Zuschauereinnahmen einen grossen Teil des Budgets aus: «Wir haben hohe Fixkosten, aber keine Einnahmen. Die grösste Herausforderung ist im Moment die Sicherstellung der Liquidität. Diese ist noch knapp gewährleistet. Doch in diesem Zustand können wir nur zwei, drei Monate überleben – danach wird es sehr kritisch.»

Dass der Staat dem Spitzensport mit einem 50-Millionen-Kredit helfen will, sei ein schönes Versprechen, gleichzeitig ist Canepa bezüglich der Umsetzung skeptisch. Der Antrag sei mit komplizierten bürokratischen Bedingungen verbunden: «Aus meiner Sicht klemmt der Prozess. Denn als wichtigste Voraussetzung verlangt der Bund, dass man sich in unmittelbarer Zahlungsunfähigkeit befindet.» Und jeder, der von Unternehmensführung etwas versteht, wisse: «Wenn es schon so weit ist, dann ist man wirtschaftlich praktisch tot. Und muss schon vorher gesetzlich vorgeschrieben den Richter benachrichtigen.»

Mit den Klubs sitzen aber noch viele andere im schlingernden Boot. Ohne Sport gibt es auch keine Sportberichterstattung. Die grossen Zeitungen haben ihren Sportteil auf das absolute Minimum reduziert. Der Inhalt freilich erinnert an die Jahresendnummern. Rückblicke auf längst vergangene Ereignisse: Der «Tages-Anzeiger» liess in seiner Ausgabe vom 6. April das Champions-League-Finale von 1999 zwischen Manchester United und Bayern München aufleben, der «Blick» lanciert eine ganze Serie von grossen Sportmomenten und setzt im Sinne von Nicola Spirig, Roger Federer

> «Meine Frau und ich wollen alles in unserer Macht stehende unternehmen, damit der Schaden für die Angestellten so gering wie möglich bleibt.»

Ancillo Canepa

und Simon Ammann auf Erfolgs-Recycling. Und das Schweizer Fernsehen greift in Ermangelung an Live-Fussball in die Retortenkiste. Dies freute am 5. April alle FCZ-Fans: Sie konnten am Sonntagnachmittag nochmals den Last-Minute-Treffer von Iulian Filipescu vom 13. Mai 2006 gegen den FC Basel bejubeln.

Davon kann sich Canepa allerdings nichts kaufen. Deshalb ging der FCZ-Patron den Weg vieler anderer Schweizer Firmen und stellte ab Mitte März auf Kurzarbeit um. Dies bedeutet: Ab diesem Moment mussten die bestbezahlten Spieler auf einen Teil ihres Lohns verzichten. Denn für Kurzarbeit beträgt der maximal versicherte Lohn 12'350 Franken pro Monat, davon ausbezahlt werden höchstens 80 Prozent. Für sich und seine Ehefrau Heliane beantragte der Klubchef beim Staat keine Kurzarbeit: «Wir arbeiten ja ohnehin gratis.»

Der Begriff der Solidarität erfährt in diesen Tagen auch im Fussballgeschäft eine ganz neue Bedeutung. Dazu meint Canepa: «Meine Frau und ich fühlen uns für das Wohl unserer Mitarbeiterinnen und Mitarbeiter verantwortlich und wollen alles, was in unserer Macht steht, unternehmen, damit der Schaden für die Angestellten so gering wie möglich bleibt.» Im Gegenzug setzt der Präsident darauf, dass die Profis die spezielle Situation anerkennen und mit Loyalität und Verständnis reagieren: «Schliesslich sitzen wir alle im gleichen Boot.»

Er stelle in seinem Klub ein «Gefühl des Zusammenrückens» fest: «Wir haben für die beschlossenen Massnahmen keine negative Feedbacks erhalten.»

«Ich wünsche mir, dass sich die Vereinigung der europäischen Klubs nun auch für die Vereine aus kleineren Ligen einsetzt.»

So oder so rechnet Canepa mit längerfristigen negativen Auswirkungen auf den Schweizer Fussball. In Zürich kommt erschwerend hinzu, dass sich das Stadionprojekt durch die verschobene Volksabstimmung mindestens ein weiteres halbes Jahr verzögern dürfte. Dass nun über eine Rückkehr zur Verhältnismässigkeit in den Topligen gesprochen wird und Ablösesummen im dreistelligen Millionenbereich hinterfragt werden, sei für das hiesige Geschäft nicht relevant: «Wir bewegen uns in ganz anderen Dimensionen.» Die entscheidenden Fragen seien: Wann nimmt der Fussball den Spielbetrieb wieder auf? Wann können wieder Zuschauer in die Stadien? Wird die Saison fertiggespielt? Wann kann mit dem Verkauf der Saisonkarten begonnen werden? Der FCZ-Präsident sieht momentan wenig Raum für Optimismus: Selbst wenn wieder Normalbetrieb herrscht, bleiben viele Klubs im Zugzwang: «Bis die Leute den Coronaschock überwunden haben, könnte es noch lange dauern. Vermutlich werden sie eine Zeit lang gar nicht ins Stadion gehen, weil sie immer noch Angst haben.» Canepa befürchtet ein «psychologisches Nachbeben». Ausserdem seien die wichtigsten Einnahmequellen, um das strukturelle Defizit von rund fünf Millionen Franken zu decken, infrage gestellt: Der Europacup und die Transfers. Wer aus der Schweiz Europacup spielt, ist momentan ungewiss – und auf dem Transfermarkt dürften im Sommer kaum die üblichen Umsätze (und Gewinne) zu erzielen sein. Deshalb hat das zu Ende spielen der Meisterschaft für Canepa höchste Priorität: «So verlieren wir keine Marketing- und TV-Gelder.»

> «Wir werden in unserer künftigen Wochenagenda mehr Zeitinseln für uns reservieren.»

Dass Belgien als einziges Land vorgeprescht ist und die Meisterschaft für abgebrochen erklärt hat, bezeichnet der FCZ-Präsident als «überstürzt und unsolidarisch». Er hoffe jedoch schwer, dass dies ein Einzelfall bleibe und stattdessen im europäischen Klubfussball die Einsicht einkehre, dass es alle brauche – nicht nur zehn Topklubs: «Ich wünsche mir, dass sich die Vereinigung der europäischen Klubs nun auch für die Vereine aus kleineren Ligen einsetzt. Denn dort liegt die Basis unseres Sports.»

Zum Schluss ringt Canepa, der ehemalige Wirtschaftsberater, dem Ausnahmezustand doch noch etwas Positives ab: «Das System mit Homeoffice und Videokonferenzen spart Geld und Zeit.» Er verbringe derzeit zwei Tage pro Woche im Büro und fünf zu Hause – und führe die anstehenden Sitzungen per Telefon- oder Videokonferenzen durch. Zu Beginn sei er skeptisch gewesen und habe zuerst seinen PC anpassen müssen, aber nun komme er in der digitalen Welt gut zurecht. Er gehe davon aus, dass dies im Geschäftsleben in allen Bereichen nachhaltige Auswirkungen habe werde: «Während meiner Zeit bei Ernst & Young bin ich nicht selten für zwei Sitzungstage vier Tage in der ganzen Welt herumgereist. Solche Übungen wird man sich in Zukunft wohl sparen.» Auch bei sich zu Hause habe er die Phase der Entschleunigung für längst überfällige Arbeiten genutzt: «Wir haben zum Beispiel die Garage entrümpelt, Dokumente eingeordnet und Fotos sortiert.» Zudem haben Heliane und Ancillo Canepa auch einen guten Vorsatz gefasst: «Wir werden in unserer künftigen Wochenagenda mehr Zeitinseln für uns reservieren.»

«Der Fernunterricht fördert die Selbstständigkeit der Schüler»

Fernunterricht, digitale Lerntools, Gefahren im Internet. Die Schulschliessung war einer der grössten gesellschaftlichen Einschnitte der Coronakrise. Die Primarlehrerin Svenja Cavigelli erzählt von der schulischen Ausnahmesituation.

Kinder gehen unverkrampft mit der Krise um: Sie spielen «Corona-Fangen», singen «It's Corona-Time» oder rufen «Hurra, hurra die Schule brennt». Die kindliche Freude über die längsten Frühlingsferien seit dem Rütlischwur ist jedoch nur die eine Seite der Mitte März verordneten Schulschliessung. Die andere sieht weniger erheiternd aus: überforderte Eltern, familiäre Konfliktsituationen, Kinder, die beim Homeschooling an ihre Grenzen stossen und die Tage vor dem Fernseher und im Internet verbringen.

Svenja Cavigelli ist Lehrerin einer vierten Klasse an der Primarschule im Zürcher Vorort Ebmatingen. Mit 23 Jahren zählt die Bündnerin aus Arosa zu den Jüngsten ihres Fachs: «Ich komme frisch vom Studium», sagt sie lachend. Erst seit neun Monaten arbeitet Cavigelli in ihrem Beruf – und ist bereits mit einer Situation konfrontiert, die selbst die routiniertesten Lehrkräfte noch nie erlebt haben und die in keiner Ausbildung vorgesehen war.

Frau Cavigelli, am 13. März wurde von einem Tag auf den anderen die Schulschliessung diktiert. Hätten Sie je mit einem solchen Szenario gerechnet?

Ich glaube, niemand in der Schweiz konnte sich eine solche Situation vorstellen. Der Fernunterricht ist in grossen Ländern wie den USA, Kanada oder Australien ein Thema, wo aufgrund der geografischen Lage nicht alle Kinder Zugang zu schulischer Infrastruktur haben. In der Schweiz allerdings wer-

den Kinder selbst an entlegenen Orten von einem Schulbus abgeholt. Deshalb mussten wir innert kürzester Zeit alles umstellen und mit dieser unerwarteten Situation zurechtkommen.

Wie verlief diese Umstellung?

An der Schule in Ebmatingen haben wir sehr viel Unterstützung erhalten. Der ICT-Service stellte verschiedene Lehrtools wie Apps und digitale Lernplattformen zur Verfügung und führte uns Lehrpersonen im Schnellverfahren in die neuen Abläufe ein. Das war eine grosse Hilfe. Dass wir schon im schulischen Alltag klassenübergreifend mit Wochenplänen arbeiten, in denen die Kinder die Arbeit selbstständig einteilen, kam uns in dieser Situation sehr entgegen. Die Kinder kannten das selbstständige Arbeiten bereits. Nur das Medium änderte sich. Aber man kann eindeutig sagen: Der Fernunterricht fördert die Selbständigkeit der Kinder in hohem Masse.

Wie schwierig war es, den Schulbetrieb aufrechtzuerhalten?

Eigentlich verlief alles erstaunlich reibungslos. Klar, die ersten Tage waren etwas chaotisch – aber das dürfte in allen Firmen und Unternehmen der Fall gewesen sein, die auf Homeoffice umstellten. Bereits am Dienstag der ersten Woche konnte ich den Kindern einen Wochenplan und den Ablauf zum Lernen präsentieren. Seither läuft es sehr gut.

> *«Bereits am Dienstag der ersten Woche konnte ich den Kindern einen Wochenplan und den Ablauf zum Lernen präsentieren.»*

Was waren die grössten Schwierigkeiten?

Für mich ist es extrem schwierig, im Fernverkehr allen Kindern gerecht zu werden. Eigentlich ist es unmöglich, denn man kann nicht so spontan und flexibel reagieren wie im normalen Unterricht. Es gab Schüler, die mich anfänglich sechsmal pro Tag angerufen haben, um eine Frage zu stellen oder ein Problem zu besprechen. Ich verstehe das. Aber wenn zwanzig Schüler sechsmal pro Tag anrufen, bin ich ständig am Telefon. Deshalb habe ich für mich persönlich einen Arbeitsplan erstellt, wann ich mit welchen Kindern skype und wann ich für allgemeine Fragen erreichbar bin. Grundsätzlich kann man sagen: Die Organisation des digitalen Datenaustauschs gestaltet sich schwierig, da sie sowohl für die Eltern wie auch für mich als Lehrperson logisch und praktisch zugleich sein sollte. Zudem ist es nicht ganz leicht, die Eltern auf dem Laufenden zu halten, sie aber dennoch nicht mit Informationen zu überfluten. Wenn täglich drei bis vier Mails der Schule eintreffen, ist dies wohl eher kontraproduktiv.

Wurden Sie in Ihrer Ausbildung auf ein solches Szenario vorbereitet?

Auf das Fernlernen direkt nicht. Glücklicherweise hatten wir jedoch Module zur Medienbildung, in denen Apps und digitale Lernplattformen vorgestellt wurden. So hatte ich eine Basis, auf der ich aufbauen konnte.

Für wen war die neue Situation am schwierigsten: für die Lehrer, für die Schüler, für die Eltern?

Alle Beteiligten wurden ins kalte Wasser geworfen und völlig überraschend mit der neuen Situation konfrontiert. Die Lehrer mussten sich umorganisieren und den Lernstoff digitalisieren. Für sie ist es eine Herausforderung, den Überblick über die Leistungen der einzelnen Kinder zu behalten, um später wieder den Übergang zum «normalen» Schulbetrieb einzuleiten und zu begleiten. Die Schüler mussten sich quasi über Nacht mit den digitalen Medien auseinandersetzen. Auf der Mittelstufe ist dies eine weniger grosse Hürde als auf der Unterstufe – auch da findet der Unterricht weiterhin statt. Dazu kommt der soziologische Faktor. Für die Kinder ist es bestimmt eine grosse Umstellung, da sie jetzt nur noch mit ihren Eltern und Geschwistern Zeit verbringen und ihre Klassengspänli nicht sehen. Das Fehlen der sozialen Kontakte ist für Kinder besonders schlimm. Übrigens kommunizieren wir auf allen Altersstufen via Skype – auch im Kindergarten. Eine Kollegin, die dort unterrichtet, hat mir erzählt, dass schon Fünfjährige damit gut zurechtkommen. Wird das Geschrei zu gross, sage sie mit strenger Stimme: «Jetzt bitte alle die Mikrofone ausschalten!» Und siehe da: Mit einem Fingerklick schalten alle auf stumm. Das nennt man wohl Digital Natives (lacht).

Und die Eltern?

Sie sind in zweierlei Hinsicht gefordert: Viele sind beruflich auf Homeoffice umgestiegen und müssen sich neu organisieren. Auf der anderen Seite sind die Kinder nun rund um die Uhr zu Hause und müssen betreut werden. Da ich selbst keine Kinder habe, kann ich nicht aus eigener Erfahrung sprechen. Aber ich stelle es mir extrem anspruchsvoll vor, die verschiedenen Aufgaben unter einen Hut zu bringen, vor allem wenn mehrere Kinder in der Familie zur Schule gehen und auf einen Laptop angewiesen sind. Die meisten Eltern haben allerdings sehr verständnisvoll auf die Umstellung reagiert. Ich bin wirklich dankbar, dass sie sich mit grosser Selbstverständlichkeit an die neue Situation angepasst haben. Grundsätzlich erhielten wir sehr gute Rückmeldungen.

Wie wird sich die Krise mittel- und langfristig auf den Schulbetrieb auswirken?

Die grösste Sorge von uns Lehrpersonen ist, dass bei den Schülern eine Wissenslücke entsteht. Dadurch, dass wir den Schulbetrieb nach zwei Tagen digital bereits wieder aufnahmen, konnten wir Schlimmstes verhindern – hoffentlich. Wir sind jetzt aber enorm auf die Mitarbeit der Eltern angewiesen. Das Kontrollieren der Aufgaben und der Arbeit liegt zum grössten Teil in ihren Händen. Arbeiten alle Beteiligten zusammen, kann die Wissenslücke klein gehalten werden. Die Krise hat jedoch durchaus auch einen positiven Einfluss auf den Schulbetrieb. Ich habe mir auch für die Zeit danach vorgenommen, offenere Unterrichtsformen einzuführen, sodass die Kinder weiterhin selbstständig arbeiten können. Das rasante Umdenken auf die digitale Ebene hat genauso seine Vorteile.

> *«Die grösste Sorge von uns Lehrpersonen ist, dass bei den Schülern eine Wissenslücke entsteht.»*

Im Internet lauern aber auch Gefahren. Wie werden die Schüler darauf sensibilisiert?

Dieses Thema steht weit oben auf unserer Prioritätenliste. Wir hatten mit den Viertklässlern bereits vor der Phase des Fernunterrichts eine zweistündige Informationsveranstaltung mit einem Vertreter der Kantonspolizei. Und wir befinden uns im permanenten Austausch mit den Schulsozialarbeitern und den Schulpädagogen. Aber wenn die Kinder nun alleine zu Hause am Computer lernen, sind unsere Kontrollmöglichkeiten beschränkt. Ich wollte eigentlich auch noch nicht einen Klassenchat auf WhatsApp einrichten. Aus meiner Sicht ist dies in der vierten Klasse zu früh. Aber nun wurden wir von der Aktualität überholt.

Wie gehen Sie persönlich mit der Krise um und wie überbrücken Sie die «leere» Zeit?

Da ich sowieso alleine lebe, hat sich der Alltag zu Hause nicht gross geändert. Schade finde ich, dass ich meine Eltern und die kranken Grosseltern in Arosa nicht besuchen kann. Und auf die Ferien muss ich dieses Jahr wohl auch verzichten. Aber ich bin gesund – das ist die Hauptsache. Leere Zeit gibt es bei mir eigentlich nicht. Unter der Woche nimmt der Fernunterricht viel Zeit in Anspruch. Das Korrigieren dauert auf dem digitalen Weg definitiv länger. Und auch das Beantworten von Fragen ist aufwendiger. Während der unterrichtsfreien Zeit beobachte ich gerne meine Hamster. Ausserdem habe ich den Frühjahrsputz etwas vorgezogen. Und ich achte darauf, dass ich täglich in den Wald gehe – frische Luft und Bewegung sind sehr wichtig, wenn man den ganzen Tag in der Wohnung vor dem Computer sitzt.

Entdecken Sie vielleicht sogar Aspekte des Lebens, die zuvor zu kurz gekommen sind?

Ja, ganz klar. Ich verbringe mehr Zeit in der Natur. Diesen Ausgleich zur Arbeit habe ich bis jetzt zu wenig gelebt.

> «Uns allen tut es gut zu sehen, dass man auch mit weniger leben kann und sich die Welt trotzdem weiterdreht.»

Welche positive Kraft kann man grundsätzlich aus einem solchen Stillstand ziehen?

Ich finde es schön, wie die Menschen trotz Isolation solidarisch miteinander umgehen. Die letzten Generationen sind im Überfluss aufgewachsen. Uns allen tut es gut zu sehen, dass man auch mit weniger leben kann und sich die Welt trotzdem weiterdreht. Wir müssen uns bewusst sein, wie gut es uns in der Schweiz geht. Deshalb ist die momentane Situation auch zu relativieren. Ich kann es mir kaum vorstellen, wie sich die Menschen vor Jahrzehnten gefühlt haben, als die Grundversorgung deutlich weiter eingeschnitten war als jetzt.

Ist eine Phase der Rückbesinnung nicht auch eine grosse Chance für die Menschheit?

Ich denke, es kommt immer auf den Menschen selber an. Wenn man reflektiert und die positiven Nebeneffekte der Krise analysiert, kann das durchaus eine grosse Chance sein. Den positivsten Effekt sehe ich in der Natur. Ich finde es sehr schön anzusehen, wie schnell sich verschiedene Ökosysteme bereits jetzt teilweise erholt haben. Es wäre hochspannend, wie sich die Natur ihren Platz zurückerobern würde, wenn die Krise länger anhalten würde. Aber leider gibt es vermutlich immer noch zu viele Menschen, die nach der Krise ihr altes Leben ungeachtet der neuen Erkenntnisse wieder aufnehmen und alles sehr schnell vergessen und verdrängen.

Welche Auswirkungen wird diese Phase auf die Gesellschaft haben?

Bestimmt werden einige Menschen noch lange mit den Folgen der Krise zu kämpfen haben. Gerade wenn Unternehmen grosse Einbussen in Kauf nehmen mussten, wird es seine Zeit dauern, bis der Alltag wieder einkehrt. Doch auch hier gibt es positive Ansätze: Das gemeinsame Erleben dieser Krise lässt die Gesellschaft wohl näher zusammenrücken. Das gegenseitige Verständnis wächst. Auf meinen Spaziergängen bemerke ich, wie man sich plötzlich viel freundlicher begrüsst.

René Fasel

«Im Sturm darf der Kapitän nicht von Bord»

Wie das Coronavirus eine grosse Eishockey-Party platzen liess und weshalb Verbandspräsident René Fasel trotzdem zu den Siegern zählt. Eine Schweizer Erfolgsgeschichte, die möglicherweise noch weitergeht.

René Fasel öffnet die schwere Holztür und empfängt den Besucher mit einem freundlichen Lachen: «Treten Sie ein. Willkommen in der Zentrale des Eishockeys.» Seit 1994 steht der Freiburger als Präsident an der Spitze des Internationalen Eishockey-Verbands, seit 2003 lenkt er das Unternehmen von der Villa Freigut an der Zürcher Brandschenkenstrasse aus. Es ist ein denkmalgeschütztes Gebäude und ein geschichtsträchtiger Ort. Hier kam 1895 der legendäre Zürcher Stadtpräsident Emil Landolt zur Welt. Bis in die 90er-Jahre des vergangenen Jahrhunderts bewohnten dessen Nachkommen die Villa. «Wir haben hier alles, was wir brauchen», sagt Fasel und blickt zum modernen Bürokomplex hinüber, wo die meisten seiner 32 Mitarbeiter untergebracht sind: «... praktisch alle in Einzelbüros» – was in der momentanen medizinischen Gefahrenlage nicht unwesentlich ist.

Fasels Zeit an dieser Adresse wird bald ablaufen. Im Mai wollte er an der Heim-WM in Zürich und Lausanne seine Dernière feiern. Am 26. September soll am IIHF-Kongress sein Nachfolger gewählt werden. Dass er mit 70 Jahren quasi noch zu den Junioren der Sportfunktionäre gehört, sieht er nicht als Grund, an seinem Posten festzuhalten: «Es ist besser zu gehen, wenn die Leute es noch bedauern, als zu warten, bis sie sagen ‹uff, jetzt geht er endlich›. Jeder kann ersetzt werden – jeder.»

Doch in dieses perfekte Drehbuch hat sich nun eine heimtückische Unbekannte geschlichen – das Coronavirus. Bereits im März musste die IIHF sechs für den April geplante Turniere absagen: die U18-WM in den USA, das Turnier der ersten Division der U18-Junioren in der Slowakei, und auf höchster Stufe die Turniere der zweiten Division in Kroatien und Island sowie der dritten Division in Luxemburg und Südafrika. Fasel rechnet vor: «Insgesamt haben wir in diesem Jahr schon 16 Turniere annulliert.» Vorderhand blieben nur noch die A-WM in Zürich und Lausanne sowie die Divisions-1-Turniere in Slowenien und Polen im Kalender.

Doch auch diese Anlässe fanden nicht statt. Angesichts der zunehmenden Reiserestriktionen wäre es beispielsweise undenkbar gewesen, dass die italienische Mannschaft die WM in der Schweiz hätte spielen können. René Fasel sagt dazu: «In Italien, aber auch in Dänemark und Norwegen wurden die Eishallen schon im März geschlossen. In Deutschland, Österreich und in der Schweiz ging die Meisterschaft ohne Entscheidung zu Ende. In der NHL ist der Spielbetrieb unterbrochen.» Unter diesen Umständen wäre es für die Nationalmannschaften sehr schwierig geworden, sich auf das Turnier vorzubereiten. «Wir bewegen uns mit unserem Schiff auf stürmischer See.» Nun gehe es darum, die Lage zu beruhigen und realistisch einzuschätzen. Im Vordergrund stehe die Gesundheit aller: «Wir sehen uns mit gesellschaftlichen Herausforderungen konfrontiert, die grösser sind als unsere Probleme», so Fasel. Die Absage von Grossanlässen sei ein wesentlicher Beitrag, die Verbreitung des Virus zu verlangsamen. Deshalb unterstütze die IIHF jede Massnahme der Behörden ausdrücklich.

Fasel verliert die Gelassenheit auch deshalb nicht, weil sein Verband 2012 eine Risikoanalyse durchführen liess und seither im Falle von Terroranschlägen und Naturkatastrophen versichert ist. Ausserdem konnten in den vergangenen Jahren substanzielle Rückstellungen gemacht werden: «Finanziell sind wir auf der sicheren Seite», meint Fasel – und wird über die Tragweite der Pandemie gleichwohl nachdenklich: «Das Virus zeigt uns, dass wir nicht alles im Griff haben. Vielleicht ist es auch ein Zeichen, wieder demütiger und respektvoller miteinander umzugehen und die Lebensqualität nicht als Selbstverständlichkeit zu betrachten.»

Trotzdem: Die gestrichene WM ist das wohl schlechteste Ende der Amtszeit des Schweizers – und ein unpassendes. Fasel, der 13. Präsident in der Geschichte der IIHF, beeinflusste das Eishockey nachhaltiger und positiver als alle seine Vorgänger. Unter dem Freiburger, der vor seiner Wahl zum höchsten Hockeyaner während neun Jahren (1985–1994) den Schweizer Verband präsidiert hatte, wuchs die wichtigste Eishockey-Organisation von 4 auf 32 Vollzeitstellen und das Budget von 10 auf 40 Millionen Franken. Durch den neuen Vertrag mit Vermarktungspartner Infront ist die Zukunft bis 2033 gesichert. Die IIHF kann in den nächsten 13 Jahren allein aus diesem Deal mit Einnahmen von rund einer halben Milliarde Franken rechnen.

Der studierte Zahnarzt hebt jedoch nicht die wirtschaftlichen und geschäftlichen Seiten hervor, wenn er von den herausragenden Ereignissen seiner Präsidentschaft spricht. Für ihn war die Integration der National Hockey League in den olympischen Spielbetrieb 1998 ein Schlüsselmoment. Während sein Vorgänger als IIHF-Präsident, der Deutsche Günther Sabetzki, von einer Annäherung an die nordamerikanische Profiliga nichts wissen wollte, realisierte Fasel, wie wichtig dieser Kontakt ist: «Denn mit dem Zerfall der Sowjetunion und der Tschechoslowakei änderte sich die Weltordnung nachhaltig. Plötzlich strömten die besten Spieler dieser Nationen in die NHL. Wäre es nicht zu einem Konsens mit Liga-Commissioner Gary Bettman gekommen, wäre das olympische Eishockey-Turnier um die wichtigste Attraktion ärmer geworden.» Inspirieren liess sich Fasel vom spektakulären Auftritt der amerikanischen Basketballer («Dream Team») an den Olympischen Spielen 1992 in Barcelona: «Das war ein Riesen-Highlight. Michael Jordan, Magic Johnson und Larry Bird in der gleichen Mannschaft – Ähnliches wollten wir auch im Eishockey sehen.» Gesagt, getan: Dank Fasels diplomatischem Geschick und der Rückendeckung des damaligen IOC-Präsidenten

Juan Antonio Samaranch traten an den Winterspielen 1998 die Grössten der Grossen aufs Glatteis – angeführt von der kanadischen Legende Wayne Gretzky: «Ich kriege noch heute Gänsehaut, wenn ich daran denke», sagt Fasel.

> «Vielleicht ist das Virus ein Zeichen dafür, wieder demütiger und respektvoller miteinander umzugehen.»

Nagano war der Anfang der olympischen Zusammenarbeit zwischen den wichtigsten Parteien im Welteishockey. Fasel gelang es immer wieder, sich im Dialog mit dem Fünf-Milliarden-Koloss NHL Gehör zu verschaffen: 2002 in Salt Lake City, 2006 in Turin, 2010 in Vancouver und 2014 in Sotschi war die NHL an den Winterspielen ebenfalls dabei. Nur 2018 in Pyeongchang kam kein Vertrag zustande – weil Südkorea als wirtschaftlich zu wenig wichtig eingestuft wurde. Derzeit laufen die Verhandlungen im Hinblick auf die Winterspiele 2022 in Peking. Fasel ist verhalten optimistisch: «Der chinesische Markt kann für die National Hockey League ein wichtiger Faktor werden.» Im Idealfall wären die NHL-Spieler schon für die Qualifikationsspiele ihrer Nationalmannschaften verfügbar. Deshalb strebt Fasel eine Einigung noch in diesem Sommer an. Es ist seine letzte grosse Mission als Eishockey-Diplomat.

In dieser Rolle ermöglichte er an den Winterspielen in Südkorea vor zwei Jahren ein Projekt, das weltpolitische Strahlkraft besass und die verbindende Kraft des Sports auf übergeordnete Weise zeigte: die gemeinsame Olympia-Equipe von Nord- und Südkorea im Eishockey-Turnier der Frauen. Das war vermutlich das prestigeträchtigste Projekt im Eishockey des vergangenen Vierteljahrhunderts. «Das war mehr als Sport – das war eine Botschaft an die ganze Welt», so Fasel.

Entsprechend positiv fällt sein Fazit über die 26-jährige Präsidentschaft aus: «Ich hatte eine wunderbare Zeit im Eishockey. Praktisch alle meine Wünsche sind in Erfüllung gegangen und die Ziele erreicht worden.» Für seinen nachhaltigen Erfolg war auch der gute Draht nach Moskau entscheidend, wo Eishockey noch immer eine staatstragende Angelegenheit ist. Kaum ein Schweizer besitzt einen direkteren Zugang zu Wladimir Putin als René Fasel. Schnürt sich der ewige russische Präsident die Schlittschuhe und tritt zu einem Prominentenspiel aufs Glatteis, ist Fasel nicht selten der Schiedsrichter. Eine Strafe sprach der Schweizer gegen seinen Freund noch nie aus. Auf sein Verhältnis zu Russland angesprochen, sagt Fasel: «Ich bin ein Freund der Russen, dazu stehe ich. Man tut ihnen oft unrecht. Von einem 28

Jahre alten Land kann man nicht verlangen, dass es funktioniert wie unser über 170-jähriger Bundesstaat.» Der Schweizer zieht einen historischen Vergleich: «Als die Bundesverfassung 1848 unterzeichnet wurde, waren alle sieben Bundesräte Freisinnige. Es dauerte bis 1892, ehe der erste Katholisch-Konservative gewählt wurde. Der erste Sozialdemokrat folgte 1944.» Man müsse Russland Zeit geben. Handelsschranken und Wirtschaftsboykotte seien falsche Ansätze. Die Russen seien anders als die Schweizer, sagt Fasel – und verweist auf ein altes Sprichwort: «Man kann Russland nicht mit dem Verstand, sondern nur mit dem Herzen verstehen.»

> «Im Beruf ist es wie im Sport. Man darf Bescheidenheit und Teamspirit nie verlieren. Wenn man sich plötzlich zu wichtig nimmt, wird man scheitern.»

Fasel ist ein Mann, der von seinen Mitarbeitern Loyalität und Respekt einfordert – und diese Werte selber vorlebt. Letztlich sei auch er als Präsident nur ein Teil der Verbandsadministration: «Im Beruf ist es wie im Sport. Man darf Bescheidenheit und Teamspirit nie verlieren. Wenn man sich plötzlich zu wichtig nimmt, wird man scheitern.» Seine Ehefrau Fabienne verhindere, dass er die Bodenhaftung verliere, sagt er lächelnd.

René Fasel erfüllte den Eigenanspruch während seiner Zeit als Präsident praktisch immer ohne Wenn und Aber. Die Weltmeisterschaft 2019 in der Slowakei war seine 25. – und eine der besten: «Mit 470'000 Zuschauern in den Stadien und rund einer Milliarde vor den Fernsehern haben wir Massstäbe gesetzt.» Auch für die WM in Zürich und Lausanne hatte er ein grosses «Hockey-Fest» für Spieler, Betreuer und Zuschauer erwartet: «In der Schweiz haben wir die besten Fans der Welt», sagt er. Daraus wurde nichts. An seinem Rücktrittsentscheid soll die Absage der WM allerdings nichts ändern: «Ich bin stolz, im Herbst meinem Nachfolger einen kerngesunden Verband übergeben zu können.» Trotzdem lässt der gewiefte Diplomat eine Tür offen: «Ich gehe nicht von Bord, bevor der momentane Sturm nicht überstanden ist. Ein Kapitän darf sein Schiff in dieser Situation nicht verlassen.» Das sind gute Neuigkeiten für die Eishockey-Familie – Coronavirus hin oder her.

«Plötzlich habe ich mehr soziale Kontakte»

Die Schweizer Ballerina Laura Fernandez-Gromova **(21) tanzt am Stanislawski-Theater in Moskau ihrem Lebenstraum entgegen. Doch das Coronavirus zwingt sie zur Pause. Nun probt sie mutterseelenalleine in ihrer Wohnung in St. Petersburg – und gewinnt der Situation viel Gutes ab.**

«Ich mag das Ballett so sehr, dass ich dem Tanz alles unterordne. Ein Leben ohne Ballett kann ich mir nicht vorstellen.» Spricht Laura Fernandez-Gromova von ihrem Beruf, sprudeln Leidenschaft und Begeisterung förmlich über. Die junge Schwyzerin aus Freienbach, die Tochter des erfolgreichen Unternehmers Francisco Fernandez, war die erste Schweizerin, die es ins Ensemble des prestigeträchtigen Mariinsky-Theaters in St. Petersburg schaffte. Trotzdem kündigte sie im vergangenen Winter die begehrte Stelle.

Grund dafür war eine Anfrage eines der grössten Stars der Szene – Sergei Polunin, quasi der «Roger Federer des Balletts». Der Entscheid für dieses Angebot war für Laura ein grosses Wagnis – doch er sollte sich lohnen. Nach den viel beachteten Auftritten mit Polunin erhielt sie ein Angebot des traditionsreichen Stanislawski-Theaters in Moskau als erste Solistin. Laura stürzte sich mit grossem Enthusiasmus ins Abenteuer. Rückblickend sagt sie: «Das war immer mein grosses Ziel. Ich bin überglücklich, diese Chance erhalten zu haben. Gleichzeitig bedeutet dies eine grosse Verantwortung und die Motivation, noch härter an mir zu arbeiten.»

Fernandez wurde den Ansprüchen am neuen Arbeitsplatz vollauf gerecht. Wie es in russischen Häusern üblich ist, stand sie praktisch jeden Abend auf der Bühne – das letzte Mal Mitte März im romantischen Ballett Giselle. Der Applaus brandete wie eine stürmischsüsse Melodie durchs Theater und versetzte die Schweizerin in jenen Schwebezustand zwischen Glück, Energie und Schmerz, den nur das Ballett vermitteln kann.

Doch dann kam der «Virus-Schock» – und der Entscheid aus dem nahen Kreml, dass Russland die Landesgrenzen schliesst und das öffentliche Leben bis 1. Mai faktisch stilllegt. Im Zeitalter der Globalisierung wurden quasi über Nacht Stacheldrahtrollen ausgelegt und Zollbarrieren geschlossen. Dies bedeutete in Russland für alle Schulen, Museen, Theater und Kinos die sofortige Betriebseinstellung – und für die Tänzerin Laura Fernandez eine jähe Zäsur in ihrem jungen Berufsleben. Neben allen Aufführungen in Moskau wurden sämtliche Galas des Frühlings, die für Ende April geplante Frankreich-Tournee sowie ein für den Sommer vorgesehenes Gastspiel in China gestrichen: «Damit hätte wirklich niemand gerechnet, aber jetzt geht es darum, aus der misslichen Lage das Beste zu machen», sagt die junge Frau.

> *Die Mutter befürchtete, in der hektischen russischen Hauptstadt würde sich das Virus wesentlich schneller verbreiten.*

Aus der Schweiz meldete sich die Mutter mit sorgenvoller Stimme. Laura erinnert sich ganz genau an diesen Anruf: «Meine Mutter riet mir dringend, meine kleine Wohnung in Moskau zu verlassen und nach St. Petersburg in unser Vierzimmerappartement umzuziehen.» Die Befürchtung: In der hektischen russischen Hauptstadt mit ihren vielen Gastarbeitern aus dem Fernen Osten würde sich das Virus wesentlich schneller verbreiten als im vergleichsweise beschaulichen St. Petersburg. Laura nahm sich den Rat zu Herzen, bestieg den Zug und reiste gen Norden.

Mittlerweile hat sie sich gut auf die neue Situation eingestellt. Schliesslich lebte sie schon zuvor über zwei Jahre in der früheren Zarenstadt. Ihr kommt ausserdem entgegen, dass sie im Gästezimmer eine Ballettstange und eine Spiegelfront einbauen liess: «Früher habe ich dort nie trainiert, aber nun ist der Raum eine Notlösung, die einiges entschärft.» Zwar ist das Homeoffice für Ballerinen noch nicht erfunden, aber wie so manche Arbeitnehmer rund um den Globus haben sich auch die Balletttänzerinnen und -tänzer in Russland schnell auf die neue Situation eingestellt. Laura erklärt: «Mit zwei Kolleginnen aus dem Stanislawski-Theater tausche ich mich über die Kommunikationsplattform Zoom aus. Wir üben zusammen und geben uns Tipps.» Dies beinhalte Einheiten im Floor-Barre (Bodenübungen fürs Ballett), Pilates und diverse Tanzarten. Für Laura auch eine Gelegenheit, um Neues zu entdecken: «Zum ersten Mal absolviere ich Hip-Hop-Training.» Grundsätzlich sei der soziale Kontakt für sie in diesen Tagen

Laura Fernandez-Gromova

ein Mehrwert: «Ich bin momentan fast öfter mit meinen Kolleginnen zusammen als im Alltag – wenn auch nur virtuell. Normalerweise haben wir gar keine Zeit, uns so intensiv auszutauschen wie nun übers Internet.» Auch ihren Coach vom Stanislawski-Theater sieht sie seit Mitte April wieder täglich: «Jeweils ab 11.00 Uhr trainieren wir via Videokonferenz mit allen Tänzerinnen und Tänzern.»

Laura sehnt sich zwar danach, so schnell wie möglich wieder real mit den Kolleginnen und Kollegen aus der Ballettkompanie zu üben. Doch bis es so weit ist, macht sie in ihrer Wohnung alles dafür, dass sie bei Wiederaufnahme des Spielbetriebs auf höchstem Niveau tanzen kann. Das physische Grundlagentraining ist hierfür entscheidend. So hat sie sich ein Laufband angeschafft, auf dem sie morgens jeweils das Jogging und Bergauflaufen simuliert. Dazu kommen im Fernverfahren weitere Einheiten in alternativen Trainingsformen wie Tabata, Funtone-Cardio oder Übungen mit Thera-Bändern. Ausserdem schaut sie sich zusammen mit ihren Kolleg(inn)en Auftritte von berühmten Tänzern auf YouTube an. Später lässt sie den Tag mit einer ausgedehnten Yogasession ausklingen: «Diese Form des Trainings geniesse ich besonders. Früher hatte ich praktisch keine Zeit dafür.» Grundsätzlich sieht sie in diesem neuen Freiraum auch Positives: «Im Verlauf der Jahre habe ich mir durch das permanente Training Bewegungsabläufe angewöhnt, die vielleicht nicht perfekt sind. Nun kann ich mich von diesen Abläufen lösen und neue muskuläre Bewegungen aufbauen.»

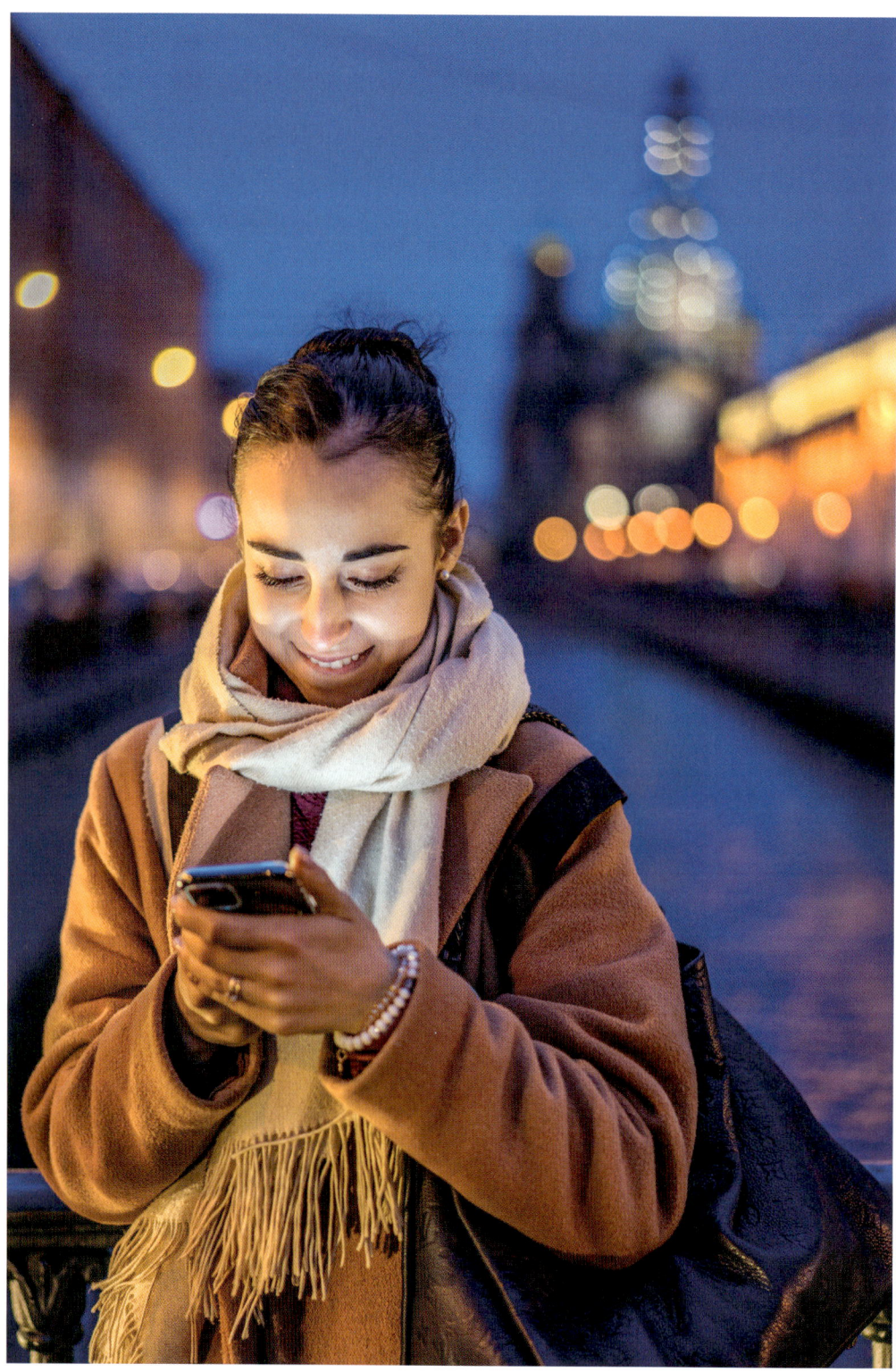

So hart und gelegentlich einsam das Leben in St. Petersburg auch sein mag – Entbehrungen und Selbstdisziplin gehören zum Leben einer Ballerina wie das Scheinwerferlicht und die Bretter der Bühne. Laura nimmt grosse Entbehrungen in Kauf und führt das Leben einer Spitzensportlerin: Training, Regeneration und ein strenger Diätplan sind zentrale Elemente ihres Alltags. Weil momentan alle externen Verpflegungsmöglichkeiten geschlossen sind, steht sie selber hinter dem Herd: Dreimal pro Woche kocht sie Fleisch (mit Öl, Salz und Pfeffer), täglich bereitet sie sich Brokkoli und Kohl zu. Dazu kommt fast immer «Tworog», eine russische Form des Hüttenkäses.

> *Neben den Lebensmittelläden seien nur noch einige Schmuckgeschäfte geöffnet – was doch einiges über die russische Prioritätensetzung aussagt.*

Doch im Zentrum steht das Training: «Ich bewege mich eigentlich ständig», sagt sie – und erzählt beiläufig, wie ein Tag in normalen Zeiten aussehen würde: Neben den Proben mit dem Ensemble übt die Schweizerin täglich Solo-Sequenzen. Um eine optimale Vorbereitung zu garantieren und zusätzliche Trainingseinheiten einzulegen, erscheint sie regelmässig zwei Stunden früher als ihre Kolleg(inn)en im Theater. Dazu kommen Kraft-, Gymnastik- und Pilateseinheiten im Fitnessstudio. Auf Auslandreisen ist sie oft mitten in der Nacht im Gym anzutreffen: «Fleiss ist wichtiger als Talent», sagt sie.

Im vergangenen Sommer machte sie einen weiteren wichtigen Schritt in ihrem tänzerischen Reifeprozess. Anstatt Ferien einzulegen und die Seele baumeln zu lassen, schloss sie sich einer Tournee durch Japan an. Dabei konnte sie Abend für Abend wertvolle Erfahrungen als Solistin sammeln. Nun aber steckt sie vorderhand in St. Petersburg fest – und staunt, wie sich das Leben vor ihren Augen ändert. Die Metro fährt zwar noch, aber die meisten Menschen meiden die Strassen. Die Parks sind hermetisch abgeriegelt. Neben den Lebensmittelläden seien nur noch einige Schmuckgeschäfte geöffnet – was doch einiges über die russische Prioritätensetzung aussagt. Laura verlässt die eigene Wohnung nur, um einzukaufen, und das immer mit Schutzmaske. Doch irgendwann wird auch dieser Spuk vorbei sein. Und um für diesen Moment bereit zu sein, setzt Laura Fernandez-Gromova fast noch mehr Energie in ihren grossen Traum als sonst. Denn eines weiss sie genau: Im Leben einer Ballerina herrscht eigentlich an jedem Tag der Ausnahmezustand.

«Mehr Fakten statt Panik und Schock»

Sie moderiert internationale Events, leitet Auftritts- und Sprechseminare und führt nebenbei Touristen durch Zürich. Das Coronavirus hat ihr Berufsleben gestoppt. Trotzdem ist Isabel Florido dankbar, dass es in der Schweiz kaum an etwas mangelt.

Charmant, galant, wortgewandt. Isabel Florido ist die Frau für alle Fälle. Egal ob Milan-Design-Week, Business-Kongress in Berlin, Talent Trophy in Barcelona oder Zurich Film Festival – die 49-jährige Zürcherin mit italienischen und spanischen Wurzeln findet sich auf allen Bühnen zurecht: «Ich möchte als Moderatorin das vermitteln, was ich als Schauspielerin gelernt habe – Begeisterung und Emotionen.» Doch seit dem Ausruf des nationalen Notstands ist sie in ihren Möglichkeiten extrem eingeschränkt: verschobene Events, abgesagte Tagungen, gekürzte TV-Auftritte. Muse und Unterhaltung sind von der Pandemie wie ausgelöscht. Wann das Schweizer Volk wieder Gelegenheit zum Lachen und zur Fröhlichkeit erhält, ist nicht absehbar. Auch ihre nebenamtliche Tätigkeit als Tour Guide von Zürich Tourismus ist derzeit obsolet: «Gibt es keine Touristen, braucht es keinen Guide.»

Wenn Florido aus ihrer Wohnung in Thalwil schaut, muss sie sich immer wieder vergewissern, dass dies nicht nur ein böser Traum ist: «Die Strassen sind wie leer gefegt. Das Leben steht still.» Doch dies ist nur ein kleiner Teil der grossen Havarie: «In der ganzen Welt sieht es so aus wie bei uns. Das ist kaum vorstellbar.»

Die Schauspielerin, die unter anderem in über 1000 Folgen der deutschen Soap-Opera «Unter uns» mitwirkte, ist in diesem Moment glücklich, in der Schweiz zu leben: «Trotz des Ausnahmezustands funktioniert der Alltag. Die Lieferketten sind gewährleistet, die Post kommt pünktlich, die Menschen können einkaufen gehen und sich im Freien bewegen.» Bei ihren Verwandten in Süditalien sei dies ganz anders: «Dort sind die Menschen teilweise seit Wochen in kleinen Wohnungen eingesperrt und müssen mit ansehen, wie ihnen die

Lebensgrundlage entzogen wird.» Ihr Onkel arbeitet in der Nähe von Taranto (Apulien) als Kellner. Ihre Cousine unterhält ein Hochzeits-Resort mit der perfekten Kulisse für den schönsten Tag des Lebens: plätschernder Springbrunnen, romantische Brücken, verspielte Säulen. Doch momentan traut sich niemand, sich zu trauen: «Alles steht still. Von einem Tag auf den anderen ging den Menschen der ganze Verdienst verloren, ohne dass sie Hilfe vom Staat erhalten würden.» Gleichzeitig seien die Schreckensbilder aus Italien zu relativieren: «Ich würde auch in normalen Zeiten nie in ein italienisches Spital wollen. Dort werden die Patienten operiert – und dann sich selber überlassen.» Es seien die Verwandten, die sich danach um die Betreuung sowie um die richtige Verpflegung kümmern müssen. Das war schon vor Corona so und wird wohl auch danach so sein. Allerdings mit einem grossen Unterschied: «Dann filmt keine TV-Kamera.»

> «Das Leben steht still. In der ganzen Welt sieht es so aus wie bei uns. Das ist kaum vorstellbar.»

Im Vergleich dazu sieht sich Florido in der Schweiz in einer privilegierten Situation: «Bei uns gibt es Lösungen – medizinisch und wirtschaftlich.» So habe sie als selbstständig Erwerbende den Covid-19-Kredit über 20'000 Franken angefordert. Doch noch habe sie das Geld nicht gebraucht – und sie hoffe, dass sie ohne diese Überbrückung über die Runde komme: «Aber allein die Tatsache, dass ich darauf zurückgreifen könnte, gibt mir ein Gefühl der Sicherheit.»

Schwer tut sich Florido mit der Kommunikation und den Massnahmen der Behörden. Sie empfindet das Krisenmanagement als «massiv übertrieben» und die Information der Öffentlichkeit als «missverständlich». So sei bei den Todesfällen erst mit Verzögerung darauf hingewiesen worden, dass die meisten Opfer an Vorerkrankungen litten und sich in einem hohen Alter befanden. Auch sei lange nie von den Geheilten berichtet worden: «Die meisten Infizierten überstanden das Virus mit vergleichsweise geringen Symptomen – wie bei einer Erkältung oder Grippe.» Auch werde kaum darüber informiert, dass die Spitäler und Arztpraxen leer sind und das medizinische Personal teilweise auf Kurzarbeit gesetzt wurde. Florido glaubt, dass bei einer ausgewogeneren Berichterstattung die Menschen weniger panisch auf die Bedrohung reagiert hätten und der Lockdown vielleicht hätte vermieden werden können.

Auch die Wortwahl sei oft verwirrend: Anfänglich habe man von «Corona-Toten» gesprochen, seit einigen Wochen dagegen sei von «Todesfällen im Zusammenhang mit dem Coronavirus» die Rede. Dann wiederum heisse es einerseits, Kinder seien vom Virus nicht betroffen, andererseits werden die Schulen für mehrere Wochen geschlossen. Ein Fragezeichen setzt sie ausserdem hinter das perfekte TV-Make-up von Bundesrätin Simonetta Sommaruga und das blitzsaubere Hair-Styling von Karin Keller-Sutter: «Als Frau, die auch regelmässig mit Visagisten und Make-up-Artisten zu tun hat, kann ich mir nicht vorstellen, dass da der Sicherheitsabstand von allen Beteiligten immer penibel eingehalten wurde.»

> *«Ich hoffe, die Menschen kommen sich nach der Krise auf natürlicher Basis wieder näher und peilen nicht eine keim- und virenfreie Gesellschaft an.»*

Florido lacht, wenn sie dies sagt. Ernsthafte Sorgen macht sie sich allerdings beim Gedanken an ihre Kolleginnen und Kollegen aus der Show- und Unterhaltungswelt: «Das Verbot von Grossveranstaltungen bedeutet für viele Schauspielerinnen, Comedians und Sänger ein staatlich verordnetes Berufsverbot. Die meisten von ihnen haben viel Geld in ihr Programm investiert. Die Gagen, die sie jetzt nicht erhalten, werden sie auch in Zukunft nicht einspielen können.» Auch was die gesellschaftlichen Umgangsformen betrifft, glaubt Florido, dass die momentane Situation noch lange in den Köpfen der Menschen nachwirken könnte. Sie spüre ein Gefühl der Entfremdung und Distanzierung: «Wenn jemand hüstelt und niest, gehen die Mitmenschen in Deckung.» Das panische Getue sei ihr derart an die Nerven gegangen, dass sie mit ihrem Ehemann an den gemeinsamen Geschäftssitz im baslerischen Läufelfingen geflüchtet sei: «Ich hoffe, die Menschen kommen sich nach der Krise auf natürlicher Basis wieder näher und peilen nicht eine keim- und virenfreie Gesellschaft an. Denn dann verlieren wir auch unsere ganzen Abwehrkräfte.»

Wenn sie der Ausnahmesituation etwas Positives abgewinnen soll, ist es die Erholung der Natur: «Es ist erstaunlich, wie schnell dies in gewissen Bereichen geht.» Gleichzeitig gibt sie sich jedoch keinen falschen Illusionen hin: «Das ist wohl nur eine Momentaufnahme. Die Menschen werden schon bald wieder in alte Verhaltensmuster zurückfallen.» Vorerst spürt sie die gesellschaftliche Verlangsamung aber deutlich – auch bei sich selber: «Es ist, als wäre ich aus dem Hamsterrad gefallen.» Als selbstständige Unternehmerin höre sie nicht automatisch auf zu denken, da sie immer wieder neue Projekte plane. Gleichwohl

Isabel Florido

nehme sie das Leben nun anders wahr – beispielsweise im eigenen Garten: «Ich habe meinen grünen Daumen entdeckt und bin fast jeden Tag draussen.» Sie pflanze Pfefferminze, Melisse, Himbeeren, Heidelbeeren und noch vieles mehr: «Es ist schön zu wissen, woher etwas kommt und wo es wächst. Viele Kinder wissen das vermutlich gar nicht mehr.» Der Weg zur Selbstversorgung sei allerdings noch weit: «Dafür brauchen wir noch mindestens ein paar Hühner.»

Florido blickt lachend und optimistisch in die Zukunft. Ihr Wunsch richtet sich vor allem an die Medien: «Es ist nicht gut, nur Panik und Angst zu säen. Für umfassende Informationen braucht es einen weiten Horizont und Fakten.» Es dürfe nicht sein, dass das Volk für dumm verkauft werde. Florido plädiert für weniger Schock-Nachrichten und Negativmeldungen und mehr erfreuliche News: «Wir möchten doch alle am liebsten schöne Sachen sehen und hören.» Dieses Anliegen mag vielleicht etwas naiv tönen. Isabel Florido spricht damit aber vielen Menschen tief aus dem Herzen.

Leila Frei

Sandro Ochsner

«Wir liefern den Menschen die Normalität nach Hause»

Die Schweizer Post spielt in Krisenzeiten eine besonders wichtige Rolle. Leila Frei **in Ebmatingen und** Sandro Ochsner **in Einsiedeln bringen den Menschen das Glück an die Haustür.**

Es gibt Dinge, die spiegeln die Schweizer Verlässlichkeit und Korrektheit: Die Bahnhofsuhren gehen auf die Sekunde pünktlich, das Altpapier wird einmal pro Monat entsorgt, über Mittag gilt exakt eine Stunde Ruhepause, die Strassen sind meistens blitzblank sauber geputzt. Und der Pöstler klingelt immer zweimal.

Letzteres erfuhr in der Phase des nationalen Aufruhrs eine erhebliche Wertsteigerung – nicht das Klingeln per se. Aber das tägliche Eintreffen der Post. Egal wie schlimm die Virus-Hochrechnung des Bundesrats oder die Schadensszenarien des Pandemie-Experten Daniel Koch auch waren, die Post lag jeden Tag im Briefkasten. Sie vermittelte uns ein Gefühl der Sicherheit und des Alltäglichen und liess uns hoffen, dass die Welt vielleicht doch nicht kurz vor dem Untergang steht.

Dabei verrichten die Postbotinnen und Postboten ihre Arbeit unter erschwerten Bedingungen, machen doch die Hygienevorschriften und der Sicherheitsabstand von zwei Metern vieles komplizierter. Sandro Ochsner, Paketpöstler in Einsiedeln, erzählt von amüsanten Erfahrungen: «Wir sind angewiesen, nach dem Klingeln die Pakete auf den Boden zu stellen und den Kunden nicht zu nahe zu kommen. Aber die Leute freuen sich meistens so sehr über unseren Besuch, dass wir sie auf die Gefahrenlage aufmerksam machen und einen Schritt zurücktreten müssen.» Grundsätzlich sei die Wertschätzung ihrer Arbeit deutlich höher als in normalen Zeiten: «Viele Menschen bedanken sich ausdrücklich bei uns, dass wir überhaupt arbeiten.» Auch das eine oder andere Trinkgeld werde gegeben. Und noch einen Unterschied zum virusfreien Alltag stellt Ochsner fest: «Die Menschen sind eher zu Hause.» Dies vereinfache die Arbeit, weil deutlich weniger Pakete am Abend wieder in die Poststelle zurückgebracht werden müssen: «Momentan sind es durchschnittlich fünf bis sechs, üblicherweise haben wir sonst die dreifache Menge.» Andererseits sei es schwieriger, vor den Häusern Parkplätze zu finden: «Doch der Verkehr hat insgesamt deutlich abgenommen.»

«Viele Menschen bedanken sich ausdrücklich bei uns, dass wir überhaupt arbeiten.»

Den postalischen Verkehr betrifft dies allerdings nicht – im Gegenteil. Ochsner rechnet vor: «Von der Basis in Wädenswil werden derzeit täglich 20'000 bis 22'000 Pakete ausgeliefert. Im vergangenen Dezember – erfahrungsgemäss der saisonale Spitzenwert – waren es durchschnittlich rund 20'000.» Dies hat auch einen vorgezogenen Arbeitsbeginn zur Folge. Weil die Pöstler aus Sicherheitsgründen die Wagen nicht zu zweit beladen dürfen, tritt der erste seinen Dienst bereits um 5.15 Uhr anstatt um 6.00 Uhr an. Auch sei am Samstag schon zweimal Sonderschicht gefordert gewesen: «Das habe ich zuvor noch nie erlebt», erzählt Ochsner.

Coronazeit bedeutet aber auch in anderer Beziehung eine Ausnahmezeit für die Postangestellten. Leila Frei, Briefträgerin im Zürcher Vorort Ebmatingen, erklärt: «Um physische Kontakte zu vermeiden, sind wir beispielsweise angewiesen, bei der Aushändigung von eingeschriebenen Briefen den Scanner nicht aus der Hand zu geben und die Zustellung selber per Unterschrift zu quittieren – sofern der Kunde damit einverstanden ist.» Normalerweise hätte die Selbstunterschrift disziplinarische Konsequenzen, nun aber gilt: Die Gesundheit heiligt die Mittel.

Auch Leila Frei stellt während der Coronakrise ein höheres Arbeitsaufkommen fest: «Grundsätzlich ist die Menge an Briefen, Zeitungen und Werbesendungen in den vergangenen Jahren deutlich zurückgegangen. Die Digitalisierung eröffnet allerdings auch neue Kommunikationskanäle, viele Pakete werden im Online-Handel direkt bestellt.» In der Krise erinnern sich die Menschen wieder an alte Gepflogenheiten: «Es werden eindeutig mehr persönliche Briefe geschrieben», sagt Frei – und auch Postkarten habe sie derzeit wieder viel öfters in den Händen. Ausserdem müsse sie auf ihrer Tour nun auch kleine Pakete ausliefern, um die Kolleginnen und Kollegen von der Paketzustellung zu unterstützen: «Das gefällt mir sehr.» Auch bei ihr sei die Wertschätzung durch die Kundschaft in der Krise gestiegen: «Viele Menschen bedanken sich, dass wir für sie arbeiten – sei es vom Fenster aus oder hinter dem Zaun. Und sie erkundigen sich nach unserer Gesundheit und sagen beim Gehen ‹bleiben Sie gesund›.» Das sei ein sehr schönes Gefühl. Es komme vor, dass jemand spontan sagt: «Wir brauchen Sie.» Viele Leute hinterlassen Zettel am Briefkasten mit Dankesworten oder kleinen Geschenken. Denise Birchler, die Mediensprecherin der Post, stellt die öffentliche Anerkennung aus vielen positiven Reaktionen fest: «Die Schweizer erleben die Post in diesen Tagen als verlässlichen Partner. Das freut uns.»

> «Wir geben vielen Menschen die Möglichkeit, daheim zu bleiben und die behördlichen Weisungen zu befolgen.»

Birchler liefert die Zahlen zum erhöhten Arbeitsaufkommen der Postmitarbeiter: «Bei der Paketpost liegen wir 40 Prozent über den Vergleichswerten derselben Zeitspanne im Vorjahr.» Schwierig sei es, den erhöhten Personalbedarf zu decken. Denn viele Mitarbeiter fallen aus – weil sie krank sind, Kinder betreuen müssen oder zu einer Risikogruppe gehören. Bis zu 12'000 von insgesamt 56'000 Postmitarbeitenden agieren derzeit aus dem Homeoffice – vor der Pandemie waren es 2000 bis 3000. Um den Engpass an der «Front» zu überbrücken, hilft sich die Post selber: «Wir haben eine interne Jobbörse erstellt. So können beispielsweise Mitarbeiter aus der Administration bei der Zustellung oder in den Sortierzentren mit anpacken», erklärt Birchler.

Damit wird auch die Lebensmittelversorgung der Menschen gewährleistet: etwa durch die 2018 lancierte «BrotPost». Als der Bundesrat Mitte März die Menschen anhielt, nicht mehr nach draussen zu gehen, stiegen die Brotauslieferungen durch die Postboten innerhalb eines Monats um das Vierfache. Bei diesem Service bringt die Post Brotprodukte aus lokalen Bäckereien auf der ordentlichen Zustelltour nach Hause. Aufgrund der gesteigerten Nachfrage baute sie diesen Service unkompliziert aus. «Wir geben vielen Menschen die Möglichkeit, daheim zu bleiben und die behördlichen Weisungen zu befolgen», so Mediensprecherin Birchler. Auch Pöstler Ochsner stellt fest, dass mehr Lieferungen von Detailhändlern kommen. «Wir bringen den Menschen die Normalität nach Hause», sagt er und schaut auf die Uhr. Jetzt hat Sandro Ochsner Feierabend. Doch im nächsten Morgengrauen ist er wieder unterwegs – und macht die Menschen mit seinen Paketen so glücklich, als wäre Weihnachten und Ostern gleichzeitig.

«Die Globalisierung bringt die Welt aus dem Gleichgewicht»

Hotelier, Skiponier, Bergführer. Art Furrer **(83) war der Zeit immer einen Schritt voraus. In der momentanen Situation sieht er auch eine grosse Chance.**

Art Furrer hat in seinem Leben schon zu viel erlebt und gesehen, als dass er sich vom Coronavirus ins Bockshorn jagen lassen würde: «Eigentlich ist es ein Wunder, dass ich noch lebe», sagt er über seine einzigartige Karriere als Bergführer und Alpinist, die ihn auf allen Kontinenten aufs Dach der Welt brachte.

So macht der 83-jährige Skiakrobatikpionier und Hotelier von der Riederalp aus der momentanen Not eine Tugend. Weil die Bergbahnen virusbedingt ruhen, hat Furrer die Felle an die Ski geschnallt und steigt mit Ehefrau Gerlinde die Skipisten hoch: «Oben gönnen wir uns einen Gläschen Fendant und ein Stück Speck – und dann geniessen wir die Abfahrt.» Wie in den guten alten Zeiten sei das.

Trotzdem stimmt ihn die Situation nachdenklich: «Bis vor Kurzem reisten unsere Enkel mit ihrem Lehrlingslohn nach Dubai, New York, Paris oder London. Nun können wir nicht mal mehr nach Deutschland.» Diese Globalisierung bringe die Welt aus dem Gleichgewicht. Furrer sieht ein grundsätzliches Problem in der flächendeckend vernetzten Gesellschaft: «Jede und jeder ist immer und überall erreichbar. Wir haben verlernt abzuschalten und selber zu denken.» Heute müssen Kinder nicht einmal mehr rechnen lernen: «Das übernehmen die Smartphones.»

Doch nun habe das Coronavirus die Wertvorstellungen quasi auf einen Schlag verschoben: «Wie ein Blitz aus heiterem Himmel lähmt die Pandemie fast die gesamte Menschheit. Angst,

Elend und Macht beherrschen die Welt.» Dies werfe eine elementare Frage auf: «Ist es Gottes Wille oder die Strafe für den kaum zu bändigenden Überfluss in der westlichen Welt?»

Gleichzeitig ist sich Art Furrer sicher: «Es gibt ein Leben nach der Krise – wir wissen allerdings noch nicht, wie dieses aussieht. Doch in jedem Desaster liegt auch eine Chance. Und diese müssen wir packen.» Der Walliser, der im vergangenen Jahr für seine 60-jährige Mitgliedschaft im kantonalen Bergführerverband ausgezeichnet wurde,

Art Furrer

glaubt fest daran, dass diese Krise die Menschen zusammenschweissen werde. Ausserdem werde sie Werte wie Demut und Respekt wieder in den Vordergrund bringen: «Wir müssen uns bewusst werden, dass nicht jeder alles haben kann. Ohne handfeste Arbeit gibt es kein Brot.» In guten Zeiten müsse man sparen und Reserven aufbauen. Dies hat für Furrer eine philosophische Dimension: «Es ist schlecht, das Tempo immer nur zu erhöhen. Verlangsamung und Ruhe bringen Kraft.» Die Zukunft verlange nach einem Gleichgewicht zwischen Verlangsamung und Geschwindigkeit – und das Gleichgewicht sei Gottes Schöpfung, ist sich Furrer sicher.

> «Ist es Gottes Wille oder die Strafe für den kaum zu bändigenden Überfluss in der westlichen Welt?»

So widersprüchlich es auch tönen mag, Quarantäne und Selbstisolation können zur Horizonterweiterung beitragen: «Nun bekommen wir Zeit, um nachzudenken und über die Bücher zu gehen.» Es sei jedoch von existenzieller Bedeutung, in dieser Zeit den Glauben an das Gute und die Hoffnung nicht zu verlieren, den Mut zu bewahren und den Mitmenschen zu helfen. Furrer zitiert den Titel des berühmten Liedes des Schweizer Jodler-Duos Marthely Mumenthaler/Vrenely Pfyl: «Nach em Räge schint Sunne, nach em Briegge wird glacht».

Furrer, der 2019 nochmals den Mont Blanc bestieg, blickt auf bewegende Monate zurück. Der «Walliser Bote» machte vor einigen Monaten unter dem Titel «Das Ende einer Familiendynastie» publik, dass Furrers Söhne, Andreas, 53, und Alexander, 48, einen Teil der Hotelbetriebe verkaufen wollen.

Art Furrer selber beurteilt die Lage sachlicher. Die Berghotellerie durchlaufe eine grosse Krise. Es sei wie beim Klettern am Berg: «Die Zeit gibt einem keine Zeit.» Nur mit frischem Geld und neuen Ideen könne eine Trendwende geschaffen werden. Es habe ihm wehgetan, dass seine Nachkommen kein Interesse am Hotelbetrieb haben, doch in der momentanen Situation sei der Verkaufsentscheid ein Glücksfall gewesen: «Meine Söhne haben Toppreise erzielt. Heute wäre dies nicht mehr möglich.»

Die Coronakrise verschärfe in der gesamten Branche die Existenzängste: «Viele Betriebe werden dies nicht überleben. Tausende von Arbeitsplätzen gehen verloren.» Gleichzeitig sieht er in dieser Entwicklung für viele Betriebe auch eine Chance: «Wenn sich das Gastgewerbe und die Hotellerie an die neuen Bedürfnisse anpassen, ist der Aufschwung garantiert. Durch die Pandemie kann die Schweiz als sicherer Hafen an Attraktivität gewinnen.»

> *«Nun geht es darum, mit gegenseitiger Fairness neue Chancen zu eröffnen.»*

Art Furrers Weg ist die klassische Tellerwäscher-Geschichte: Geboren in Greich, wo heute die Seilbahn auf die Riederalp Zwischenhalt macht, blickte er in der Kindheit sehnsüchtig nach Mörel hinunter: «Die hatten flaches Land und Wasser, aber mein Vater sagte immer, die sind kein Stück besser.» Furrer wollte eines Tages so sein wie die in Mörel – oder noch besser. Doch er realisierte schnell: Um den Aufstieg zu schaffen, musste er zuerst runter ins Tal und die einengenden Berge verlassen. So nahm er als 22-Jähriger sein Schicksal selber in die Hand. Mit seinem Offizierskoffer und einem Paar Ski bestieg er in Brig den Zug nach Lausanne. Über Paris reiste er nach Le Havre, und von dort mit dem Passagierschiff «Liberty» nach New York. In der Tasche hatte er ein Oneway-Ticket und 36 Dollar. Auf Vermittlung eines Bekannten heuerte er in den White Mountains als Skilehrer an – ohne ein Wort Englisch zu sprechen.

Diese Erfolgsgeschichte prägt Furrer bis heute. So blickt er trotz Corona optimistisch nach vorne und ist sich sicher, dass es in Zukunft wieder mehr verlässliche und gute Mieter geben werde: «Weil man sich nicht mehr blind in ein Abenteuer stürzt.» Es gehe nun darum, mit gegenseitiger Fairness neue Chancen zu eröffnen: «Die Menschen brauchen Arbeit und wollen arbeiten. Das geht aber nur, wenn man die Mieten auf einem tiefen Niveau belässt und die Opportunität schafft, dass Geld verdient werden kann.» Damit lassen sich zwei Fliegen auf einen Schlag erwischen: «Betriebe bleiben erhalten – und Gestrandete, die guten Willens sind, kriegen Arbeit, werden Unternehmer und können sich mit neuen Perspektiven eine sichere Basis für die Zukunft schaffen.»

Stefan Grogg

«Ein solches Time-out gab es noch nie»

Er war Schweizer Meister im Eishockey, er spielte 17 Mal für die Nationalmannschaft. Doch sein grösster Kampf begann für Stefan Grogg erst nach der letzten Sirene. Eine Geschichte zwischen Verzweiflung, Hoffnung und der etwas differenzierteren Sicht auf den Ausnahmezustand.

Stefan Grogg gehört zur Risikogruppe – scheinbar. Der frühere Eishockey-Profi leidet seit 2007 an der unheilbaren degenerativen Nervenkrankheit Amyotrophe Lateralsklerose, kurz ALS, und ist praktisch bewegungsunfähig. Den Grossteil seiner Nahrung nimmt er über eine Magensonde auf, zum Atmen braucht er technische Unterstützung, kommunizieren kann er nur über eine

Computersoftware, die er mit den Augen steuert. Ohne seine Ehefrau Magdi wäre er im eigenen Haus nicht überlebensfähig. Doch «Groggi», am 16. Februar 46 Jahre alt geworden, ist auch in seinem heutigen Leben das, was er früher auf dem Eis war: «ein Kämpfer», wie er per Computerstimme mitteilt.

Nach einem Besuch bei Stefan Grogg denkt man beim Gang zum Parkplatz über jeden Schritt nach, den man macht. Oder machen darf.

Sein früherer Teamkollege Dino Kessler, heute Sportredaktor beim «Blick», öffnete ihm die Tür zum Sportjournalismus. Als Kolumnist gehört Grogg zur erweiterten Redaktion des «Sonntagsblicks». Nach einem Treffen mit seinem alten Freund schrieb Kessler: «Wer nach einem Besuch bei Stefan und Magdi Grogg das Haus verlässt, denkt beim Gang zum Parkplatz über jeden Schritt nach, den er macht. Oder machen darf.»

Blickt Stefan Grogg heute aus seinem Haus in Sarnen, sieht er eine Welt, die durch das Coronavirus aus ihrem Trott gerissen wurde. Der Alltag hat sich in einer Art und Weise verändert, wie man es sich noch vor Kurzem nicht hätte vorstellen können. Grogg empfindet die Diskussion als «emotional überhitzt». Dies musste er auch schon ganz persönlich erfahren, als seine Frau an einem öffentlichen Ort von einem wildfremden Mann wegen seiner Anwesenheit verbal angegangen wurde. Offensichtlich habe der Herr gemeint, dass ein Mensch im Rollstuhl automatisch ein Risiko für andere darstelle. Grogg empfand diese Ignoranz als verletzend: «Wir müssen als Gesellschaft wirklich aufpassen, dass wir uns da nicht verrückt machen lassen. Denn leben wir in der Angst, reagieren wir irrational, und das ist meiner Ansicht nach mindestens so gefährlich wie ein Virus.»

Grogg kennt sich aufgrund seiner Krankengeschichte vermutlich besser in Immunologie aus als die Mehrheit seiner Mitmenschen: «Erwiesenermassen sind Angst und Stress ebenfalls Faktoren, die das Immunsystem schwächen.» Deshalb plädiert er für Ruhe und Besonnenheit. Man müsse sich die öffentliche Meinung nicht immer eins zu eins aufoktroyieren lassen und sich auch von den allgemeinen Ängsten distanzieren. In sich hineinhören, respektive sich seine eigene Meinung bilden, sei gerade in der heutigen Zeit der Informationsüberflutung immens wichtig. Er hofft, dass die Gesellschaft den Alltag irgendwann mindestens so uneingeschränkt zurückerhalten werde wie vor der Krise. Der Preis für die Problemlösung dürfe nicht mit den individuellen Freiheiten bezahlt werden. Grogg ist sich sicher: «Die Menschheit wird dieses Virus überleben. Die Frage ist jedoch, ob es die Wirtschaft angesichts der drastischen Massnahmen auch tun wird. Tatsache ist, dass es wohl leider wieder mal Kleinunternehmer wie auch Mitmenschen am sogenannten unteren Ende des sozialen Spektrums am härtesten treffen wird.»

Selber bemüht sich Grogg darum, nicht in Angst und Panik zu verfallen. Auf die Stärkung seines Immunsystems schaut er nicht nur in dieser aussergewöhnlichen Situation: «Ich esse immer gesund, trinke viel und nehme Vitamine und Nahrungsergänzungsmittel ein.» Dass er in die Kategorie der Risikogruppe eingestuft werde, sei eigentlich ein Missverständnis: «Mein Problem ist vor allem mechanischer Natur. Meine Nervenbahnen leiten die Signale nicht mehr richtig an meine Muskeln weiter. Das ist eigentlich alles. Immunsystemschwäche habe ich deswegen nicht, folglich zähle ich mich auch nicht zu den Risikogruppen. Im Gegenteil, und ohne Überheblichkeit: Weil ich seit fast 15 Jahren sehr darauf achte, was in meinen Körper kommt, glaube ich mittlerweile eine stärkere Immunität aufgebaut zu haben als der Durchschnittsbürger.»

Deshalb empfange er auch jetzt Besucher – solange sich jemand fit und gesund fühlt und ihn nicht gleich abküsse oder anniese. Er sei überzeugt, dass er den Krankheitserregern genug Widerstand leisten könne. Gleichzeitig verweist er auf die wichtigsten Verhaltensregeln: «Etwas Abstand halten und Vorsicht walten lassen, ist sinnvoll, aber ich habe keine Furcht vor normalen Begegnungen. Falls jemand Angst hat, mich anzustecken oder sich bei mir anzustecken, so respektiere ich dies natürlich. Es leben ja sowieso momentan alle Menschen wie in Quarantäne. Entscheidungen, ob man Besucher möchte oder nicht, erledigen sich meistens also von selbst.»

«Das Allerwichtigste, um diese Krise zu überwinden, ist, die positive Einstellung zu behalten.»

Angesichts der grossen Verunsicherung in der Bevölkerung empfindet er die Massnahmen der Behörden als nachvollziehbar: «Das Virus ist ernst zu nehmen, wie alle Pathogene, die letztlich Menschenleben fordern. Demnach sind die Vorsichtsmassnahmen sicher gerechtfertigt.» Allerdings sei ihm das Thema zu dominant und medial überhitzt. Er verstehe jedoch, dass sich die Entscheidungsträger im Nachhinein nicht den Vorwurf gefallen lassen möchten, sie hätten die Lage unterschätzt und zu zögerlich reagiert. Gleichzeitig hält er fest: «Irgendwann ist dann auch genug gesagt oder durch die Massnahmen getan worden. Inzwischen weiss jeder Bürger hoffentlich, was richtig ist.

Man muss den Menschen auch noch zutrauen, eigenständig vernünftig zu denken und zu agieren.»

In gewissem Sinne könne das Virus aber auch eine Chance für die Menschheit und die Erde sein: «Ein solch riesiges Time-out gab es wohl noch überhaupt nie seit Menschengedenken. Dies können wir jetzt zum Beispiel nutzen, um als Gesellschaft effizienter zu werden. Weniger industrielle (und auch andere) Giftstoffe auszusondern und weniger Schädliches selber aufzunehmen – physisch wie auch psychisch.» Jeder fange dabei am besten bei sich an: «Im kleinen Rahmen.» Jetzt sei vielleicht der richtige Moment, sich wieder intensiver und bewusster mit dem eigenen Umfeld und den Mitmenschen auseinanderzusetzen: «Diese Zwangspause ist der optimale Zeitpunkt dafür.» Das Allerwichtigste, um diese Krise zu überwinden, sei allerdings, die positive Einstellung zu behalten, denkt Grogg und liefert in einem (schriftlich geführten) Gespräch Beispiele und Geschichten, die einiges relativieren.

Stefan Grogg, aufgrund Ihrer Krankheit müssten Sie jeden Tag mit Existenzängsten konfrontiert sein. Wie verarbeiten Sie mental Ihren physischen Zustand?

Ich bin über den Punkt hinaus, an dem ich meine Existenzängste dominieren lasse. Höchstwahrscheinlich auch, da ich, leicht sarkastisch formuliert, mein Ablaufdatum längst überschritten habe. Anfang 2007 haben mir die Experten nicht mehr als drei bis fünf Jahre zu leben prognostiziert. Heute schreiben wir das Jahr 2020 und ich fühle mich so gut wie noch selten zuvor während meiner Muskelerkrankung. Ich nehme den Alltag wie unsere Katzen. Tag für Tag, ja sogar Moment für Moment, sofern ich dran denke. Schnurren kann ich nicht, aber meistens bin ich recht zufrieden.

Wie sieht ein Tag von Ihnen aus? Wer unterstützt Sie?

Ich brauche ständig und für praktisch alles Hilfe. Ohne meine Frau wäre ein Leben zu Hause nicht machbar. Sie leistet Grosses. Auch sonst kommen von extern regelmässig Leute vorbei, die helfen, insbesondere mein Bruder. Einen beträchtlichen Teil meines Tages verbringe ich mit dem Laptop vor dem Kopf, mit dem ich noch selbstständig bin. Mittels Infrarot-Augensteuerung habe ich vollständig die Kontrolle über meinen Computer. Damit spreche und kommuniziere ich, lese viel und kann die Mehrheit unserer Administration im Haushalt erledigen. Am PC schreibe ich auch regelmässig Kolumnen über Sport, Gott und die Welt. Langweilig ist mir zum Glück kaum.

Wie stark können Sie von Ihren Erfahrungen aus dem Sport profitieren?

Da ich immer schon ein Kämpfer auf dem Eis war, glaube ich schon, dass ich im Sport gelernt habe, unter keinen Umständen aufzugeben. Meine Frau

Stefan Grogg und das Spiel des Lebens

An der Eishockey-WM 2013 in Stockholm holte die Schweiz sensationell die Silbermedaille. Trainer Sean Simpson, der mit Stefan Grogg 1998 in Zug den Meistertitel gewonnen hatte, integrierte seinen früheren Spieler quasi auf virtuellem Weg ins Team. Grogg schickte jeden Tag eine Botschaft, die im Mannschaftshotel und in der Garderobe aufgehängt wurde. Vor dem Turnier hatte Simpson Grogg mit einem offiziellen Trainingsanzug ausgerüstet. Welchen Einfluss die Inputs von Grogg hatten, ist schwer abzuschätzen. Simpson und die Spieler waren allerdings jeden Tag aufs Neue tief beeindruckt von seinen Nachrichten: «Das Lesen seiner Mails wurde zum Ritual. Es war und ist für uns alle imponierend und inspirierend, wie er mit der Krankheit umgeht. Groggi bleibt immer ein Teil der Eishockey-Familie.» Nach dem Turnier brachte Sean Simpson seinem früheren Stürmer persönlich die Silbermedaille nach Hause. Der gebürtige Kanadier ist noch immer tief berührt von dieser Episode. Er besucht Stefan Grogg regelmässig.

fragt mich ab und zu, wie ich es überhaupt mental schaffe. Fakt ist, ich weiss es auch nicht immer. In mir ist irgendwie ein Feuer drin, das immer lodert. Deswegen fühle ich mich überhaupt nicht speziell oder so. Aber es erhält ganz klar meine Freude am Leben. Auch unter schwierigsten Bedingungen.

Sie haben die ALS-Diagnose mit 32 Jahren erhalten – noch zu Ihrer Aktivzeit. Wie sind Sie damit umgegangen?

Verständlicherweise war dies anfänglich extrem schwierig. Der Schock und die Ablehnung der Diagnose waren meine ersten Reaktionen. Danach nahm ich den Kampf an. Manchmal bin ich froh, dass ich nicht wusste, was alles auf uns zukommen sollte. Ich würde lügen, wenn ich jetzt behaupten würde, alles mit Bravour gelöst zu haben. Es ist definitiv einfacher, in einem gesunden, respektive funktionstauglichen Körper Lebensmut und Optimismus zu versprühen. Nachdem ich sowohl in einem vollständig intakten wie auch in einem «defekten» Körper gelebt habe, denke ich, darf ich das so beurteilen. Aber bis heute hat das Credo die Oberhand, wonach ich wirklich immer einfach aus allem das Beste versuche herauszuholen. Manchmal gelingt es. Und oft halt auch nicht. Es geht aber immer irgendwie weiter.

Wie lange hadert man mit dem Schicksal?

Ich glaube, das hört nie komplett auf. Hat man gerade eine schlechte Phase, dann kommt die Sinn- und Warum-Frage auch wieder auf. Je länger ich mit der Behinderung aber lebe, desto mehr merke ich, wie wenig das Hadern doch effektiv bringt. Es ist zudem noch sehr kontraproduktiv.

Seit wann sind Sie auf den Rollstuhl angewiesen?

Seit 2009. Nicht mal zwei Jahre nach der Diagnose.

Wie hat Ihr Umfeld reagiert? Haben alle Freunde zu Ihnen gehalten?

Unterschiedlich. Alle waren natürlich fassungslos und erschrocken. Viele haben sich zurückgezogen. Ich denke, weniger aus Böswilligkeit denn aus Überforderung mit der Situation. Heute habe ich wenige, dafür richtig enge Freunde. Doch das ist bei körperlich unbehinderten Menschen meist genauso. Es ist, wie es ist, kein Problem. Ich bin dankbar für das, was ich habe.

Wer sind neben Ihrer Frau die wichtigsten Bezugspersonen?

Meine engste Familie umfasst noch meinen Bruder und meine Schwiegereltern. Dazu kommen drei bis vier nächste Freunde. Leider leben meine Eltern nicht mehr.

Woher nehmen Sie die Kampfkraft?

Diese Frage kann ich nicht befriedigend beantworten. Viele meiner täglichen Reaktionen passieren vollkommen unbewusst. Ich beginne praktisch jeden neuen Tag mit viel Positivität und Neugier. Darüber bin ich ehrlich froh und hinterfrage dies nicht allzu sehr.

Gab es einen Moment, an dem Sie aufgeben wollten?

Ja, es gab schon mehrere solcher Momente. Gott sei Dank dauerten diese nicht lange an. Ansonsten wäre es unerträglich für mich und ebenso für mein Umfeld.

«Ich wünsche mir natürlich eine vollständige Genesung. Der Welt wünsche ich ebenfalls mehr Gesundheit – im Sinne einer Säuberung der Umwelt.»

Können Sie noch in irgendeiner Form trainieren?

Ja, ich benutze einen speziellen Hometrainer, auf dem ich meine Beinmuskulatur aktivieren kann. Das mache ich täglich bestimmt eine Stunde lang. Nachdem ich mich während der restlichen 23 Stunden ja sozusagen nicht bewege, ist dies für mich unglaublich wichtig, sowohl für den Körper zur Durchblutung als auch für die Psyche. Ich freue mich immer darauf.

Der Physiker Stephen Hawking hat 55 Jahre mit ALS gelebt. Wie wichtig ist dieses Wissen für Sie?

Zu Beginn meines Lebens mit dieser Einschränkung bin ich während meiner Nachforschungen über ALS auf Hawking gestossen. Er war insofern wichtig für mich, als er zeigte, dass die Krankheit kein Todesurteil sein muss. Und dass man auch so ein sinnvolles Leben haben kann.

Denken Sie, dass die Medizinwissenschaft Ihnen helfen kann?

Ich denke, in nicht allzu ferner Zukunft wird es Heilmethoden geben, also ja. Dennoch verlasse ich mich heute nicht darauf und tue alles erdenklich Mögliche selber, um meinen Geist und Körper bestmöglich zu unterstützen.

Was wünschen Sie sich für die Zukunft – für Sie persönlich und für die Welt?

Ich wünsche mir natürlich eine vollständige Genesung. Der Welt wünsche ich ebenfalls mehr Gesundheit – im Sinne einer Säuberung der Umwelt von unserer Verschmutzung. Und dass wir sofort aufhören mit der Ausrottung von Flora und Fauna. Gleichzeitig möchte ich aber auch, dass wir als Spezies Mensch viel mehr Optimismus, Tatendrang und Enthusiasmus an den Tag legen. Und dass wir mit genügend Selbstverantwortung und einem starken Glauben an das Gute im Menschen mutig voranschreiten.

Bastian Baker und das Coronavirus

Die Familie Kaltenbacher rechnete mit einem «genialen Jahr». Doch jetzt wurde sie von der Pandemie gebremst.

Bruno Kaltenbacher (59) ist ein Mann mit Durchsetzungsvermögen. Der gebürtige Klotener konnte sein Hobby zum Beruf machen. Zwischen 1979 und 1991 spielte er als schussgewaltiger Eishockey-Stürmer unter anderem für Fribourg-Gottéron, Ambri-Piotta, Biel und Lausanne. «Ich habe gerne Spass», sagt er und beschreibt sich als «Bon vivant». Diese Eigenschaft half ihm auch in seiner zweiten Karriere. Seit 1994 führt er in Lausanne das populäre Sportcafé «Le Zodiac»: «Hier sprechen alle die gleiche Sprache – egal, ob die Gäste Anwälte, Ärzte oder Bauarbeiter sind.»

Kaltenbacher hat Talent und Lebensfreude an seine Kinder vererbt. Sein Sohn Bastien (28), früher ebenfalls ein begnadeter Eishockeyspieler mit der Aussicht auf eine Profikarriere, stürmt als Bastian Baker die Schweizer Musikcharts. Tochter Margaux (26) war eine ambitionierte Tennisspielerin, die Jüngste, Marine (23), hat unter dem Künstlernamen «Maryne» ebenfalls schon Spuren in der Musikszene hinterlassen. Mit ihrem aktuellen Hit «Overdose» ist sie derzeit auf allen Kanälen präsent. Noch vor Kurzem war Bruno an einem ihrer Konzerte: «Sie macht das wirklich sehr gut.»

> *Vor drei Wochen schlich sich das Coronavirus in die Familie ein – damals gaben sich die meisten Menschen noch ganz selbstverständlich die Hand, man umarmte und küsste sich, als sei nichts gewesen.*

Doch vor drei Wochen schlich sich das Coronavirus in die Familie ein – bei Tochter Margaux und beim Vater. Bruno

Kaltenbacher denkt, dass er sich bei Gästen im eigenen Betrieb angesteckt habe: «Damals gaben sich die meisten Menschen noch ganz selbstverständlich die Hand. Man umarmte und küsste sich, als sei nichts gewesen.» Der Gastgeber war sich der Gefahrenlage durchaus bewusst – stiess damit aber auf kein grosses Verständnis: «Als ich Besuchern im Restaurant den Ellbogen zum Gruss hinstreckte, wurde ich ausgelacht.» Überhaupt sei alles noch ganz normal gewesen: «Am Fernsehen lief die Champions League, die Gäste tranken Bier und jubelten zusammen. Von Social Distancing sprach niemand.»

Doch Kaltenbacher war bald nicht mehr nach Lachen zumute. Während Tochter Margaux nur einen leichten Husten zu beklagen hatte und sonst kaum Symptome zeigte, wurde er von plötzlichem Schüttelfrost geplagt: «Es war am Tag, bevor wir aufgrund der behördlichen Weisungen das Café schliessen mussten – und für mich ein eindeutiges Signal. Ich zog mich mit meiner Frau in die Quarantäne zurück.» Er habe sonst nie Fieber, doch diesmal stieg die Temperatur merklich an: «Ich wurde immer schwächer, bekundete zusehends Mühe mit dem Atmen.»

Er konsultierte seinen Hausarzt. Die Situation sei fast ein wenig surreal gewesen, erinnert sich Kaltenbacher: «Der Arzt erschien mit Maske, Schutzanzug und Handschuhen.» Beim Rönt-

Bruno Kaltenbacher

Bastian Baker

gen wurde eine bakterielle Entzündung der Lungen diagnostiziert. Er habe bereits damit gerechnet, in Spitalpflege überführt zu werden. Doch die ärztlich verschriebenen Antibiotika verbesserten die Lage innerhalb von zwei Tagen deutlich. Durch die Einnahme von COC-Tropfen sowie Vitaminen habe sich sein Zustand nach vier bis fünf Tagen schon fast wieder normalisiert. Und mittlerweile ist er ganz genesen: «Seit etwa sieben Tagen bin ich wieder im Vollbesitz meiner Kräfte und gehe jeden Tag circa acht Kilometer laufen.»

Knapp ist dagegen der «Sauerstoff» in seinem Restaurant. Aufgrund der öffentlichen Verordnung bleibt das «Zodiac» bis 30. April geschlossen. Kaltenbacher geht davon aus, dass die Frist weiter verlängert wird. Und in Zusammenhang mit den Absagen der diversen Sportgrossanlässe entgeht ihm ein schönes Geschäft: «Wir rechneten dank der Eishockey-WM, der Fussball-Euro und den Olympischen Spielen mit einem genialen Jahr – nun sieht es düster aus.» Betroffen vom Lockdown sind auch seine Kinder. Bastian Baker komponierte und sang den offiziellen Song zur Eishockey-WM in Zürich und Lausanne «Here We Go». Mit der Absage des Turniers wurde das Lied des Hitpotenzials beraubt. Und Marine musste den geplanten Videodreh in Los Angeles absagen.

Das Coronavirus setzt der Familie Kaltenbacher künstlerisch und geschäftlich arg zu. Für Vater Bruno aber ist dies ein verschmerzbarer Verlust: «Es geht um unsere Gesundheit – und dafür müssen nun alle ihre persönlichen Interessen zurückstellen.» Die Massnahmen der Behörden erachtet er als angemessen. Und überhaupt könne man die ganzen Sportfeste im nächsten Jahr nachholen. Oder, wie Bastian Bakers WM-Song 2021 vielleicht heisst: «Here We Go Again.»

Münsterhof Zürich, 3. April 2020

Urs Kessler

«Ich wünschte mir Adolf Ogi zurück»

Wie kaum eine andere Branche leidet der Tourismus am Coronavirus. Ein Mann aber trotzt der Krise: Urs Kessler, CEO der Jungfraubahnen, plant bereits seine nächste Verkaufsreise nach Asien.

Interlaken im Februar 2020. Noch ist die Schweiz im Gleichgewicht: Eine koreanische Reisegruppe schiesst auf dem Weg zum Bahnhof hektisch ein paar Selfies. Eine Skifahrerin trägt das Sportgerät über das apere Trottoir. Am Himmel ziehen Bergdohlen ihre Kreise. Die Sonne gewinnt den Kampf gegen die Wolken.

Urs Kessler sitzt im Steakhouse und nimmt einen Schluck Wasser: «Ich empfehle das Entrecote – der Ladys Cut ist die perfekte Portion fürs Mittagessen.»

Der CEO der Jungfraubahnen ist bestens gelaunt. Die Arbeiten an der V-Bahn, der bereits eingeweihten neuen Gondelbahn von Grindelwald auf den Männlichen sowie dem Eiger Express zum Eigergletscher, sind im Fahrplan: «Im nächsten Dezember können wir die letzte Etappe eröffnen. Dies ist das grösste Projekt seit dem Bau der Bahn aufs Jungfraujoch vor 108 Jahren.»

Trotz der schönen Perspektiven blickt Kessler nervös aufs Handy. Eben wurde ihm mitgeteilt, dass der Ausbruch des Coronavirus die Einreise für chinesische Pauschaltouristen einschränken könnte: «Das wäre nicht gut für uns. 70 Prozent unserer Kunden reisen aus Asien an, rund 17 Prozent aus China.»

> «In Zeiten der Krise muss man die Segel richten, um für den Aufschwung parat zu sein.»

Dies ist am Fusse von Eiger, Mönch und Jungfrau förmlich hörbar: Die Ansagen in der Bahn werden unter anderem auf Chinesisch, Koreanisch und Japanisch gemacht. Auch Kessler hat die Sprachen rudimentär gelernt: «Ich kann die Menschen begrüssen und ihnen einen guten Tag wünschen. Das öffnet Türen und Herzen.» An den olympischen Winterspielen in Südkorea 2018 gelang ihm auf seiner asiatischen Mission ein besonderer Coup. Als Schweiz Tourismus beim Engagement fürs House of Switzerland zögerte, sprang Kessler in die Bresche: «Wir hatten in Pyeongchang einen exklusiven Auftritt und wurden quasi mit der offiziellen Schweiz gleichgesetzt.»

Diese Aussagen Kesslers liegen zwei Monate zurück. Es scheint, sie stammen aus einem anderen Leben. Mittlerweile ist nichts mehr, wie es war – und die Bahn aufs Jungfraujoch seit 30 Tagen gestoppt. Der Schweizer Tourismus steckt in seiner grössten Krise seit dem Zweiten Weltkrieg. Auch mittelfristig sind die Aussichten stark eingetrübt. Den Junfraubahnen gehen pro Tag Einnahmen im sechsstelligen Bereich verloren. Dennoch gibt sich der 58-jährige CEO kämpferisch und optimistisch: «Wenn der Lockdown zu Ende ist, wollen wir bereit sein, sofort wieder aufzumachen. In Zeiten der Krise muss man die Segel richten, um für den Aufschwung parat zu sein.» Ein Gespräch zwischen Hoffen und Bangen, zwischen Krisenmanagement und Aufbruchsstimmung.

Herr Kessler, Sie mussten Mitte März den Bahnbetrieb aufs Jungfraujoch von einem Tag auf den anderen einstellen. Was bedeutete dies für Sie?

Dies war ein geschichtsträchtiges Ereignis. Seit der Einweihung der Bahn 1912 war der Betrieb aufs Jungfraujoch nur während des Ersten Weltkriegs für längere Zeit unterbrochen.

Wie gingen Sie konkret vor?

Wir mussten den Betrieb praktisch innerhalb eines Tages auf null herunterfahren. In dieser Situation sind klare

Weisungen und Arbeitsabläufe immens wichtig. Ganz unvorbereitet traf uns der Lockdown allerdings nicht. Wir wussten aus China, dass die Situation sehr schwierig ist. Deshalb leiteten wir schon Ende Januar die ersten Sparmassnahmen ein. Dass es aber auch bei uns so gravierend wird, hätte ich noch im Februar nicht gedacht.

Von welchen Massnahmen sprechen Sie hier?

Wir schufen die Voraussetzung, dass unsere Mitarbeiter Überzeit abbauen können und bei fehlender Arbeit im Zeitprotokoll ins Minus gehen dürfen. Wir strichen die Extrazüge und stellten Investitionen von einigen Millionen Franken zurück. Wir schufen die Voraussetzungen für Kurzarbeit. In solchen Ausnahmesituationen ist es entscheidend, die Entwicklung richtig zu antizipieren. Unser wichtigstes Anliegen ist es, das V-Bahn-Projekt am Leben zu erhalten und den Betrieb auf den Baustellen zu sichern.

Das heisst, die V-Bahn kann im nächsten Dezember wie geplant ihren Betrieb aufnehmen?

Davon gehe ich aus. Dank dem schönen Wetter und dem Fehlen von Touristen liefen die Arbeiten in den vergangenen Wochen sogar schneller als vorgesehen. Wir wollen die Bahn wie geplant am 12. Dezember 2020 eröffnen – mit einem grossen Fest und einer Überraschung für die Bevölkerung.

Weihen Sie uns ein?

Dann wäre es ja keine Überraschung mehr. Aber etwas kann ich versprechen: Der Besuch wird sich lohnen.

Zurück zum Lockdown. Anfänglich wehrten Sie sich gegen Massnahmen der Behörden und liessen den Skibetrieb weiterlaufen. Weshalb?

Die Verordnung des Bundesrates war missverständlich. Wir gingen davon aus, dass die Massnahmen nur Restaurants sowie Versammlungen von über 100 Personen betreffen. So liessen wir nach Absprache mit dem Berner Regierungsratspräsidenten Christoph Ammann den Skibetrieb am 14. März weiterlaufen. Wir waren nicht die Einzigen, die so vorgingen. Beispielsweise blieben auch die Titlisbahnen in Obwalden in Betrieb. Nach Intervention von Bundesrat Alain Berset stoppten wir die Anlagen jedoch sofort.

> *«Kommunikation ist die am meisten unterschätzte Führungseigenschaft. Die Grenze zwischen sachorientierten Mitteilungen und Panikmache war oft fliessend.»*

Wie beurteilen Sie die Massnahmen des Bundesrates im Rückblick?

Man muss sehr gute Gründe haben, um die Wirtschaft in diesem Masse runterzufahren – ja, ich sage sogar, um sie abzuwürgen. Die Risikoabwägung zwischen Gesundheitswesen und Wirtschaft gelang nicht immer ideal. Schliesslich hängen unser Gesundheitssystem und das Wohlergehen der Menschen in unserem Land auch von einer funktionierenden Wirtschaft ab. In diesem Moment hätte ich mir Adolf Ogi in den Bundesrat zurückgewünscht – einen Bergler mit Augenmass, der die Sprache des Volkes spricht.

Das heisst, dass Sie mit der Krisenkommunikation der Behörden nicht zufrieden waren?

Sagen wir es so: Kommunikation ist die am meisten unterschätzte Führungseigenschaft. Die Grenze zwischen sachorientierten Mitteilungen und Panikmache war oft fliessend. Aber klar, die Behörden müssen immer das Gesamtwohl der Bevölkerung im Auge haben. Dagegen empfand ich vor allem das Auftreten der Gewerkschaft Unia als kontraproduktiv.

Der Lockdown führt zu gravierenden Einnahmeneinbussen. Auch das Festival «Snowpenair» musste am ersten April-Wochenende gestrichen werden…

… das schmerzte ganz besonders. Wir hatten für beide Tage je 10'000 Tickets verkauft, das Wetter war fantastisch. Und mit Helene Fischer hätten wir einen Akt präsentieren können, der seinesgleichen sucht. In den bisherigen 22 Jahren war die Bedingung für den Anlass nie so gut gewesen wie in diesem Jahr. Anstatt Einnahmen in der Höhe von 2,3 Millionen Franken machten wir einen Verlust im sechsstelligen Bereich. Aber die Gesundheit geht vor und wir erstatteten den Zuschauern den Ticketpreis sofort zurück. Ich gebe es zu: Am Wochenende, als das «Snowpenair» hätte stattfinden sollen, trank ich mit meiner Frau eine gute Flasche Weisswein.

Sind die Jungfraubahnen gegen ein solches Szenario versichert?

Nein, gegen Pandemien kann man sich als Tourismusunternehmen nicht versichern lassen, oder nur zu einem überhöhten Preis.

Der Tourismus ist stärker betroffen als die meisten anderen Branchen. Wie lange wird es dauern, bis der Schaden behoben ist?

Ich betrachte das Jahr 2020 als Übergangsjahr. Wichtig ist, dass so schnell wie möglich auch der globale Flugverkehr wieder anläuft. Aber uns droht eine Rezession – mit langfristigen Konsequenzen. Ich rechne mit einer Erholung erst 2021. Doch danach dürfte es wieder aufwärtsgehen. Denn die Sehnsucht nach dem Reisen bleibt bei den Menschen. So gesehen, dürfen wir auf einen Nachholbedarf hoffen. Und in der Schweiz befinden wir uns in einer privilegierten Position. Im Ausland werden wir als Traumland wahrgenommen. Unternehmerisch ist es allerdings wichtig, für den Aufschwung nach der Krise bereit zu sein.

> *«In der Schweiz befinden wir uns in einer privilegierten Position. Im Ausland werden wir als Traumland wahrgenommen.»*

Zu Ihrer wichtigsten Kundschaft zählen asiatische Touristen. Wie können Sie diesen Markt wiederbeleben?

Im Gegensatz zur SBB beispielsweise, die das gesamte Marketing runtergefahren hat, kommunizieren wir weiterhin per Marketing und vielen persönlichen Gesprächen aktiv mit unseren Partnern und Kunden. Diese Verbindung muss gerade in schlechten Zeiten immer aufrechterhalten werden. Das ist ein ganz wichtiges Signal. Ausserdem habe ich für Anfang Juni bereits meine nächste Verkaufsreise nach Asien geplant.

Wie tangiert die Krise Ihren persönlichen Tagesablauf? Haben Sie nun plötzlich mehr Freizeit?

Nein. Zwar konnte ich mit meiner Frau über Ostern endlich wieder einmal in der Region wandern gehen. Aber mit dem V-Bahn-Projekt und dem ganzen Krisenmanagement bin ich derzeit so stark beansprucht wie immer. Schliesslich trage ich die Verantwortung für 1000 Mitarbeiterinnen und Mitarbeiter. Und das wichtigste Ziel ist, dass wir niemanden entlassen müssen. Doch die Arbeit ist weniger schön als sonst. Es geht fast ausschliesslich um Problemlösungen und Schadensbegrenzung. Ich aber bin ein Mensch, der vorwärtsstrebt und optimistische Botschaften verbreiten will. Handkehrum bemerkt man in solchen ausserordentlichen Situationen, auf wen man sich verlassen kann – und da geht ein grosses Lob an alle unsere Mitarbeitenden in den verschiedenen Geschäftsbereichen und vor allem auch an die Arbeiter auf den Baustellen. Danke!

Was wünschen Sie sich für die Zeit nach der Krise?

Das Wichtigste ist, dass so schnell wie möglich ein Impfstoff gegen Covid-19 gefunden wird. Nur dies würde eine nachhaltige Entspannung garantieren. Denn eins muss uns bewusst sein: Mit diesem Virus müssen wir in Zukunft leben.

Rolf Knie

«Mit Krieg lässt sich die Situation nicht vergleichen»

Als Kunstmaler und Zirkusunternehmer ist Rolf Knie stark von der Wirtschaftskrise betroffen. Trotzdem mahnt er zu Verhältnismässigkeit.

Die Coronakrise ist die erste Social-Media-Pandemie der Menschheitsgeschichte. Dies erklärt auch den medialen Hype um das Virus. Dabei geht leider nicht selten die Verhältnismässigkeit verloren. Immer wieder höre ich beispielsweise, dass wir kriegsähnliche Zustände durchmachen. Da muss ich doch widersprechen. Mit Krieg lässt sich die Situation nicht vergleichen – das wäre stark übertrieben. Kriege werden in Syrien und an vielen Orten dieser Welt geführt – mit Brutalität und Blutvergiessen. Besonders aus Syrien erreichen uns täglich fürchterliche Bilder. Dort herrschen wahrlich chaotische Zustände: zerbombte Spitäler, kaputte Infrastruktur, fehlende Grundnahrungsmittel- und Wasserversorgung, kein Strom. Millionen von Flüchtlingen drängen aus dem Land und stranden in teils jämmerlichem Zustand an der Grenze zur Türkei. Diese schreckliche Wahrheit wird angesichts der Coronakrise fast vergessen. Dabei ist das Leid dieser Menschen wohl viel grösser als jenes, das wir bei uns je erleben werden.

Für mich lässt sich die Coronapandemie am ehesten mit dem Ausbruch der Spanischen Grippe nach dem Ersten Weltkrieg zwischen 1918 und 1920 vergleichen. Damals starben allein in der Schweiz 25'000 Menschen, weltweit waren es fünfzig Millionen. 500 Millionen waren rund um den Globus infiziert – bei einer Weltbevölkerung von damals 1,8 Milliarden. Betroffen waren vor allem Menschen im Alter von 20 bis 40 Jahren. Diese Gesellschaftsschicht fehlte der Wirtschaft danach schmerzlich.

Augenfällig ist, dass die Massnahmen damals dieselben waren wie heute: Kinos, Theater, Konzertsäle, Tanzlokale und Schulen blieben geschlossen. Gottesdienste, Feste, Besuche bei Kranken waren strengstens verboten. Anders waren 1918 nur die Sanktionen: Wer die Regeln brach, wurde mit einer Busse von bis zu 5000 Franken oder bis zu drei Monaten Gefängnis bestraft.

«Jede und jeden kann es treffen. Wir müssen einsehen, dass wir doch nicht alles unter Kontrolle haben.»

Auch heute ist die Situation in vielen Ländern furchtbar und unerträglich. Die Bilder, die uns aus Italien, Spanien und Frankreich erreichen, machen fassungslos. Tragödien spielen sich ab, jede und jeden kann es treffen. Wir müssen einsehen, dass wir eben doch nicht alles unter Kontrolle haben. Es ist das Virus, das momentan unser Leben kontrolliert und diktiert.

Doch ich sehe diese schwierige Phase auch als Chance – wenn wir die richtigen Schlüsse ziehen. Es wäre an der Zeit, Demut, Respekt und Dankbarkeit zu zeigen. Denn in der Schweiz geht es uns eigentlich noch immer sehr gut. Wir können an die frische Luft, ohne um unser Leben fürchten zu müssen und Angst zu haben, von einem Heckenschützen abgeschossen zu werden; wir können einkaufen gehen oder den Hauslieferservice bestellen. Wir müssen weder Hunger noch Durst leiden. Wir haben alles – abgesehen von WC-Papier.

Ich bin grundsätzlich ein apolitischer Mensch, aber momentan wird mein Glaube in unsere Politik gestärkt. Wir erleben derzeit eine Regierung, die uns fair, objektiv und fachmännisch orientiert – die ihre Aufgabe selbstlos ausführt und 24 Stunden pro Tag für uns da ist. Die Behörden schützen das Volk.

Wir bekommen gerade vom Leben eine Lektion erteilt. Es ist eine Lektion, von der wir lernen müssen. Geschäftlich werden viele ihre Existenz verlieren – es wird eine Bereinigung auf allen Stufen und in allen Branchen stattfinden: in der Gastronomie, in der Unterhaltungsbranche, in kulturellen Bereichen. Ähnliches erlebten wir vor rund 15 Jahren bei den Kunstgalerien. Die gab es fast wie Sand am Meer, aber letztlich überlebten nur die seriösen und gut organisierten Geschäfte.

Viele der aktuellen Probleme sind auch selbst verschuldet. Denn wer in guten Zeiten nicht eine Reserve anlegt, darf sich in Krisensituationen nicht beklagen. Ich habe immer nach dem Credo meines Vaters gehandelt: Spare in Erfolgszeiten, damit du Rückschläge auffangen kannst. Die aktuelle Situation muss auch vielen Jungen die Augen öffnen: Trotz Computer, Handy und Globalisierung haben wir nicht alles im Griff. Die Zeit des überbordenden Gewinnstrebens ist vorbei. Wir müssen begreifen, dass Wohlstand und Gesundheit nicht selbstverständlich sind. Vor diesem Hintergrund wird unser Bewusstsein für die zwischenmenschlichen Beziehungen sowie die elementaren Werte unseres Daseins gestärkt. Da kommt mir ein altes Sprichwort in den Sinn: «Nimm dir Zeit für deine Freunde, sonst nimmt die Zeit dir deine Freunde.»

Ich persönlich bin momentan viel am Arbeiten. Als Maler verbringe ich 365 Tage pro Jahr im Homeoffice. Ich habe die Zeit aber auch genutzt, um in meinem Garten ein Gewächshaus zu errichten. Dies ruft einem in Erinnerung, woher unsere Nahrung kommt – weder aus der Tiefkühltruhe noch aus dem Supermarkt.

«Geld verloren, nichts verloren. Mut verloren, alles verloren.»

Zum Schluss möchte ich Ihnen noch ein paar unverbindliche Ratschläge mit auf den Weg geben:
- Bleiben Sie fern von negativen Menschen – die haben immer ein Problem für jede Lösung.
- Sprechen Sie am Abend wieder mal mit Ihrem Ehemann oder Ihrer Frau. Und Sie werden bemerken: Er oder sie kann ganz nett sein.
- Kümmern Sie sich um Ihre Kinder – und nicht bloss um Ihre Karriere.
- Die Zeit der kreativen Ideenlosigkeit ist vorbei. Ist dies nicht eine tolle menschliche Herausforderung? Ich sage Ihnen: Geld verloren, nichts verloren. Mut verloren, alles verloren.
- Der langen Rede kurzer Sinn: Bleiben wir positiv. Unbedingt! Alles wird gut!

Rolf Knie

«Wir mussten die sozialen Kontakte auf null reduzieren»

Wie viele Sportlerinnen, so wurde auch die Snowboard-Olympiasiegerin Patrizia Kummer vom Virus jäh aus der Saison gerissen. Weil ihr Vater an Knochenmarkkrebs leidet, waren die Auswirkungen bei ihr noch gravierender.

Rückblickend wirken die letzten Stationen des Snowboard-Weltcups 2019/2020 der Alpinfahrerinnen fast surreal: Piancavallo (Italien), Pyeonchang (Südkorea), Blue Mountain (Kanada), Moskau, Livigno (Italien), Winterberg (Deutschland) – einmal um die Erdkugel und von Krisenherd zu Krisenherd. Patrizia Kummer realisierte im südkoreanischen Olympiaort erstmals so richtig, dass die Welt dem Ausnahmezustand entgegensteuert: «Corona war dort bereits im Februar das dominierende Thema.» Dennoch habe sie sich kaum bedroht gefühlt: «Im Weltcup bewegt man sich sozusagen in einem Mikrokosmos und hat immer mit denselben Menschen Kontakt.»

Für den Abstecher nach Moskau bereitete ihr Vater Roland im heimischen Mühlebach Gepäck und Bretter vor und lud alles ins Auto. Um jedoch keinen direkten Kontakt zu seiner Tochter zu haben, hinterlegte er den Schlüssel an einem neutralen Ort. Grund für die peniblen Vorsichtsmassnahmen: Roland Kummer leidet am sogenannten Multiplen Myelom (Knochenmarkkrebs), einer Krankheit, die das Immunsystem zerstört und den Betroffenen in der Regel nur eine kleine Überlebenschance lässt. Doch er kämpft seit zweieinhalb Jahren mit beeindruckender Kraft gegen das Schicksal, hilft im familieneigenen Bed & Breakfast und Café «Hängebrigga» nach Kräften mit und klammert sich an die Normalität.

Nun aber hat die Pandemie die gesamte Familie in den Notfallmodus versetzt. Denn Roland Kummer zählt zur Hochrisikogruppe und darf keine direkten Kontakte ausserhalb des engsten persönlichen Umfelds pflegen. Patrizia erklärt die Konsequenzen: «Auch meine

Mutter und ich dürfen keine anderen Leute sehen. Deshalb schlossen wir unseren Betrieb schon, bevor der staatliche Lockdown ausgerufen wurde.» Am Tag, als die Bergbahnen den Betrieb einstellten, seien die Touristen in Scharen in ihr Café geströmt und hätten kein Verständnis gezeigt, dass ihre Ferienpläne durchkreuzt wurden: «In diesem Moment beschlossen wir die sofortige Schliessung», so Patrizia.

Sportlich war der Winter für die 32-jährige Walliserin nach der Rückkehr aus Kanada ohnehin praktisch zu Ende. Zwar rückte Kummer nochmals ins Trainingslager nach Davos ein. Doch der Weltcup in Livigno wurde ebenso abgesagt wie zuvor der Wettkampf in Moskau. Für die Streichung des Schlussevents in Winterberg war dann (neben dem Virus) zusätzlich ein anderer

> *Für Kummer ist das verfrühte Saisonende verschmerzbar: «Ich hätte ohnehin eine Pause benötigt.»*

Grund verantwortlich: Schneemangel! Dass sie in dieser Saison gar nicht mehr aufs Brett zurückkehren würde, hätte sie gleichwohl nicht gedacht: «Wir gingen bei der Abreise aus Davos davon aus, dass wir uns an den Schweizer Meisterschaften Ende März wiedersehen würden. Doch daraus wurde nichts.»

Für Kummer ist das verfrühte Saisonende verschmerzbar: «Ich litt an Rückenbeschwerden und hätte ohnehin eine

Patrizia Kummer

Pause benötigt.» Auch seien die Ungewissheit und das Warten auf Entscheidungen ermüdend gewesen. Dass sie nun das Sommertraining alleine in Angriff nehmen muss, bereitet ihr keine Mühe: «Ich war schon immer selbstständig und brauche keinen Coach im Nacken, damit ich an meine Grenzen gehe.» Weil aber die soziale Einschränkung ihr das Training im Kraftraum in Brig verbietet, war Improvisation angesagt. So hat sie nun die Küche ihres Appartements kurzfristig mit Hanteln und Matten ausgestattet und zu einem Fitnessraum befördert: «Das ist eine Freude für mich. Ich habe bereits als Kind mein Zimmer ständig umgestellt.» In einer ersten Phase konzentriert sie sich auf Ausdauereinheiten, später intensiviert sie das Krafttraining.

> «Ich hoffe, dass es den Leuten auffällt, wie viel Unnötiges wir zusammenkaufen.»

Doch vieles basiert auf Improvisation. Die geplanten Camps in Magglingen finden beispielsweise nicht statt. Auf die Tests mit den neuen Brettern muss sie bis auf Weiteres ebenfalls verzichten. Was der Shutdown für Konsequenzen auf die sportlichen Kräfteverhältnisse haben wird, sei schwer abzuschätzen. Die Theorie, dass der plötzliche Stillstand wie ein Gleichmacher sein könnte, findet sie interessant: «Es könnte schon sein, dass wir alle wieder bei null beginnen. Jene werden am stärksten aus der Situation herauskommen, die am besten adaptieren.»

Patrizia Kummer ist bestens gelaunt – auch weil sie die momentane Phase unter anderem als Chance zur Horizonterweiterung wahrnimmt – beispielsweise im virtuellen Spiel mit ihrem Göttibueb Leon: «Wir kommunizieren per iPad und es ist ganz erstaunlich, wie gut das funktioniert.» Leon habe eine unglaubliche Ausdauer – und gelegentlich müsse ihre Mutter Beatrix oder der Vater als ihre Stellvertreter(in) einspringen. Daneben bepflanzt Kummer derzeit ihren 50 Quadratmeter grossen Gemüsegarten: «Nach einem strikten Plan» wie sie betont: «Auf vier Beete aufgeteilt, säe ich pro Beet das, was am besten zusammenpasst: Broccoli, Blaukabis, Blumenkohl, Zucchetti, Salat, Bohnen – und Kürbis: für die Suppe, die ich im Café anbiete.»

Kummer hofft, dass die Krise den Menschen den Sinn fürs Wesentliche schärft: «Ich hoffe, dass es den Leuten auffällt, wie viel Unbrauchbares wir uns im Alltag oft leisten und wie viel Unnötiges wir zusammenkaufen.» Es wäre ihr Wunsch, dass der Familiensinn und das soziale Zusammenleben wieder ins Zentrum rücken. Die Olympiasiegerin geht mit gutem Beispiel voran – sie weiss, dass ihr die Familie auch in schweren Stunden ganz viel Kraft gibt.

«Das ständige Segeln in rauer See relativiert einiges»

Vor zweieinhalb Jahren wurde der Waadtländer Gilles Marchand (58) zum Generaldirektor der SRG ernannt. Seither erlebte der studierte Soziologe und Buchautor manch unruhige Tage in diesem Amt. Doch in der Krise bewährt sich das wichtigste Medienunternehmen des Landes als verlässlicher Orientierungspunkt. Eine gesellschaftliche, wirtschaftliche und philosophische Einschätzung der Krise.

Herr Marchand. Die Schweiz befindet sich seit März im Notstand. Wie gehen Sie persönlich mit der Krise um?

Ich erlebe sie aus der Distanz. Wir haben bei der SRG sehr rasch – schon Mitte März – auf Homeoffice-Betrieb umgestellt. Einerseits um unsere Mitarbeitenden zu schützen, aber auch um die Produktion aufrechtzuerhalten. 4000 Mitarbeitende wurden innerhalb weniger Tage auf eine Arbeit von zu Hause aus umgestellt. Eine eindrückliche Übung, wenn man bedenkt, wie gross diese Umstellung ist und welche Auswirkungen sie auf allen Ebenen hat.

Auch ich stellte rasch um und verbrachte einen grossen Teil meiner Zeit fortan in meiner Wohnung in Bern. Die Umstellung fiel mir allerdings ziemlich leicht, weil meine Frau ihr Büro ohnehin zu Hause hat. Sie betreibt eine digitale Medien- und Kommunikationsplattform (www.cominmag.ch) und ist deshalb IT-mässig und in puncto Produktion von Audio und Video bestens ausgerüstet. Eine sehr gute Ausgangslage also. Und wir haben nie einen wirklich grossen Unterschied zwischen Privat- und Berufsleben gemacht. Ich bin ohnehin sehr oft unterwegs, in der Schweiz oder im Ausland. So bin ich es gewohnt, auf Distanz zu arbeiten. Ich arbeite immer dort, wo ich gerade bin. Nun waren wir aber plötzlich alle auf Distanz – und das hat schon einiges verändert. Es erfordert eine noch bessere Organisation, zum Beispiel, um die Geschäftsleitung zu führen.

> *«Die Öffentlichkeit zählt auf uns. Auf die Information natürlich, aber genauso auf Unterhaltung, um sich auf andere Gedanken zu bringen.»*

Auf einer eher persönlichen Ebene stellt eine Krise dieses Ausmasses auch eine schwere Belastung in Bezug auf die Verantwortung dar. Ich werde ständig an die Folgen dieser Krise für unsere insgesamt 6000 Mitarbeitenden, ihre Familien, die Kranken und Besorgten erinnert. Und gleichzeitig muss ich über das Unternehmen selbst nachdenken, über sein Mandat, seinen Auftrag, seine Rolle für die Gesellschaft, seine Finanzierung.

Die Öffentlichkeit zählt auf uns, auf unsere Programme. Auf die Information natürlich, aber genauso auf Ablenkung, auf etwas Unterhaltung, um sich auf andere Gedanken zu bringen. Wir dürfen unter solchen Umständen, bei einer solchen Krise nicht enttäuschen, müssen rasch präsent sein. Und wir haben dabei immer auch die regionale Vielfalt zu beachten.

Das sind viele Dimensionen gleichzeitig. Und natürlich ist da immer auch noch die eigene Familie, die persönliche Komponente. Es ist aufregend, anstrengend, wichtig.

Mit der Gründung von RTS im Jahr 2010 war ich in früheren Jahren für die Fusion von Radio und Fernsehen in der Westschweiz verantwortlich. Dann kam 2015 die grosse Debatte um das Radio- und Fernsehgesetz RTVG, die mit einem der kleinsten Siege in der Geschichte der direkten Demokratie in der Schweiz endete, nämlich mit 3800 Stimmen. Und dann folgte kurz danach die Initiative «No Billag», die uns monatelang massiv in Atem hielt und uns ein grossartiges Ergebnis brachte.

Ehrlich gesagt, ich hätte nie gedacht, dass ich kaum zwei Jahre später wieder mit einer so intensiven, neuen Herausforderung konfrontiert sein würde.

Ich würde nicht behaupten wollen, dass man sich an solche Krisen gewöhnt – aber das ständige Segeln in rauer See relativiert schon einiges.

Wie nutzen Sie die «leere» Zeit – falls es eine solche geben sollte?

In der Tat, es gibt kaum Freizeit. Denn die Falle des intensiven Homeoffice ist die, dass man die ganze Zeit an Deck ist. Es ist nicht so einfach, Regeln aufzustellen und irgendwann tatsächlich mit der Arbeit aufzuhören.

Kommt dazu, dass ich im Moment ein Buch vorbereite. Band II eines kritischen Dialogs mit einem meiner ehemaligen Soziologie- und Ethnologieprofessoren, Bernard Crettaz. Das Buch trägt den Titel «Des racines et des réseaux», übersetzt «Wurzeln und Netzwerke». Der erste Band erschien 2012. Es geht um die Schweiz, ihre Vielfalt und natürlich über die Medien. Den Service public in der Schweiz zu beobachten, bedeutet, die Schweiz selbst zu beobachten. Und umgekehrt. Band II wird sich, wie dieses Buch hier, ebenfalls mit den Lehren aus der Pandemiekrise befassen und mit dem, was es uns über unser Land und seine Medien sagt.

Entdecken Sie in dieser Krisensituation vielleicht sogar Aspekte des Lebens, die sonst zu kurz kommen?

Über mich persönlich hat mir die Krise nichts Neues nähergebracht, nein. Alles ist einfach dichter, konzentrierter, auch ein bisschen surreal, wie eine Art beengende Klammer.

Mit grossem Interesse verfolge ich aber, wie unsere Bevölkerung mit diesem Umbruch umgeht. Das Verhältnis zu individuellen Freiheiten, dem Vertrauen in die Behörden, in die Zukunft, die Wahrnehmung des Risikos, des Todes, all dies wird je nach Alter, Kultur, Sprachregion, familiärer und emotionaler Situation sehr unterschiedlich erlebt.

Zudem waren die Regionen nicht in der gleichen Weise und mit der gleichen Intensität betroffen. Es ist deshalb ein beispielloses und faszinierendes Beobachtungsfeld. Ich habe das Glück, in meiner Funktion bei der SRG alle Programme unserer Sender verfolgen zu können. Und das nutze ich auch.

Wie hat sich die Rolle der SRG in diesen Tagen verändert?

In einer Krise wie dieser konzentriert sich unsere Rolle in erster Linie auf unsere Programme. Und da gibt es unterschiedliche Phasen der Information im Sinne von «basierend auf» oder «bezogen auf».

Gilles Marchand

Zunächst mussten wir in aller Ruhe erklären, was geschieht. Die Bevölkerung ist erwachsen, wir müssen die Angelegenheit beim Namen nennen. Dies müssen wir sachlich und korrekt tun. In dieser Phase sind zuverlässige Quellen von entscheidender Bedeutung. Informieren also und alarmieren – ohne Panik zu verursachen. Wir sind dafür da, die Öffentlichkeit zu informieren und ihr zu dienen.

> *«Die Bevölkerung ist erwachsen, wir müssen die Angelegenheit beim Namen nennen – sachlich und korrekt.»*

In einer nächsten Phase mussten wir versuchen, die Informationen zu erweitern: Was bedeutet das im Hinblick auf Gesundheit, Soziales, Wirtschaft und so weiter? Welches sind die unmittelbaren Probleme? Wir müssen sowohl entschlüsseln als auch antizipieren. Es ist die Zeit der Spezialsendungen. Wir haben eine Menge davon gemacht, in allen Formen und auf allen Vektoren. Dann folgt die Zeit der Begleitung des Publikums durch diese Ausnahmesituation. Hier entsteht meist die grösste Kreativität für neue Formate. Hier konzentriert man sich auf zwei Dinge: die praktischen Hinweise einerseits und die Begleitung aus der Krise andererseits. In dieser Phase gilt es, die Leute auch mal etwas abzulenken, ihnen Entspannung zu bieten.

Und schliesslich kommt die Zeit, über die Lehren aus der Krise zu sprechen. Dann müssen wir das Geschehene noch einmal durchgehen, entschlüsseln, gegebenenfalls kritisieren und die nächsten Schritte antizipieren.

Wir müssen diese Phasen, diesen Rhythmus im Radio, Fernsehen und auf unseren Online-Plattformen beibehalten. Und es gilt dabei, die Vielfalt unserer Programme, unserer Regionen und unseres Publikums zu respektieren. Das ist ein komplexer Prozess, erfordert ein gewisses Know-how und viel Engagement. Unsere Teams haben Tag und Nacht gearbeitet, um dieser Herausforderung gerecht zu werden.

Die Bedeutung der öffentlich-rechtlichen Sender ist enorm gestiegen. Werden «Ihre» Sender diesem Anspruch gerecht?

Ich bin sehr zurückhaltend, wenn es um Eigenlob geht. Aber ich muss sagen, dass ich sehr stolz auf das bin, was die SRG in dieser so komplizierten Zeit geschafft hat. Man darf nicht vergessen, dass wir gleichzeitig jeweils auch die Gesundheit unserer Mitarbeitenden und ihrer Familien gewährleisten müssen. Ich denke, dass uns das gelungen ist. Wir waren zur Stelle. Und wenn es ernst wird, wenn es wichtig ist, dann kommt die Schweizer Bevölkerung zu uns. Weil sie dort zu Hause ist.

Unsere Nachrichtensendungen wie die «Tagesschau» haben einen Marktanteil von mehr als 70 Prozent erreicht! Das sind unglaubliche Zahlen. Das «Telejournal» von RTS in der Westschweiz war während der Krise die am zweithäufigsten geschaute Tagesschau in ganz Europa (gemessen am Marktanteil). Wir haben eine Art «audiovisuellen Dorfplatz» geschaffen, wo sich die Schweizer jeden Abend zur gleichen Zeit trafen. Eine Art von Gemeinschaft, die in Zeiten der Gefangenschaft sehr wichtig ist.

Also, ja, im Grossen und Ganzen haben unsere Kanäle meiner Meinung nach gute Arbeit geleistet.

Hätten Sie gedacht, dass je vor den SRF-Nachrichten behördliche Weisungen verbreitet werden müssen?

Ja. Gesetzlich ist dies Teil unseres Auftrages (Artikel 8 des RTVG). Die SRG ist dazu verpflichtet, dass die Schweizer Behörden in Krisenfällen über unsere Kanäle kommunizieren können.

Ich habe kein Problem damit, solange der Unterschied zu den Inhalten, die wir machen und senden, für jeden klar ist.

Wie beurteilen Sie die Kommunikation der Behörden?

Wir haben in der Schweiz nicht diese Haltung, dass es einen «Mann der Vorsehung» gäbe. Es gibt nicht diese einzelnen Leader wie in Frankreich zum Beispiel. Unsere politische Kultur ist die des Kollegiums. In diesem Sinne denke ich, dass das Kollegium recht gut funktioniert hat. Und ich weiss, dass es sehr komplex ist, dass man viele kulturelle, politische und sprachliche Sensibilitäten integrieren muss. Ich bin mit dieser Gleichung vertraut, wir leben sie auch ein wenig in der SRG.

Unser Bundesrat war sehr präsent und hat die Dinge beim Namen genannt, zögerte aber auch nicht zu sagen, wenn man etwas noch nicht wusste. Eine sorgfältige, ehrliche, fortschrittliche und kollegiale Kommunikation, die mir der Schweizer Kultur angepasst zu sein scheint. Damit sage ich nichts zum Inhalt. Es ist noch zu früh, die Relevanz der Entscheidungen selbst zu beurteilen. Die Zeit wird es uns zeigen.

Es ist immer wieder von kriegsähnlichen Zuständen die Rede. Empfinden Sie die Lage als so schlimm?

Ich fühle mich nicht im Krieg. Es ist ein metaphorischer Begriff. Präsident Macron benutzte ihn in typisch französischer Rhetorik. Tatsächlich kämpfen wir alle gegen ein gefährliches Virus als solches, aber auch – und vor allem – weil es unser gesamtes Gesundheitssystem unter Druck setzt. Es ist ein schwieriger Kampf, der alle mobilisiert, an vorderster Front natürlich die medizinischen und betreuenden Teams, aber auch die verantwortlichen Behörden und die Medien.

Doch zurück zum Krieg... Sagen wir einfach, dass Politiker, wie übrigens auch die Medien, gerne mit Metaphern spielen. Es ist eine Stilübung.

Wie beurteilen Sie grundsätzlich den medialen Umgang mit der Coronathematik, in Zeitungen, auf Online-Plattformen, in den sozialen Medien?

Diese Krise ist ebenso vielschichtig wie Angst einflössend. Für die Bevölkerung ist es komplex, sie zu erfassen und zu ermessen. In diesem Klima der Angst und Unsicherheit ist der Informationsbedarf immens und zweischneidig. Es gibt zwei Phänomene, zwei typische Reaktionen: Auf der einen Seite gibt es einen wahnsinnigen und fast krankhaften Heisshunger nach allen verfügbaren Informationen. Von den gewaltigsten «Fake News» bis hin zu den ausgeklügeltsten Verschwörungstheorien. Dieses Bedürfnis führt jedoch zu mehr Ängsten als zu Trost. Diesen Bereich dominieren die sozialen Netzwerke, die Smartphones, Tablets und Laptops überfluten. Diese Lawine gibt es natürlich auch in der Schweiz.

Auf der anderen Seite besteht ein Bedarf an präzisen, mit Querverweisen versehenen, überprüften und nach Prioritäten geordneten Informationen. Diese solide und fundierte Form der Information ist zwar nicht bekömmlicher, aber ermöglicht es der Bevölkerung, sich ein eigenes Bild zu machen, sich vorzubereiten und anzupassen. Diese Form der Information birgt auch das Gefühl, Teil einer Gemeinschaft zu sein, sich einem riesigen Problem in einer Gemeinschaft zu stellen und es so zu teilen.

In der Schweiz haben wir alle gesehen, dass der Print, insbesondere die Lokalpresse, zu dieser zweiten Kategorie gehört. Es besteht kein Zweifel, dass auch der Service public in diese Kategorie gehört.

«Die soziale Distanz kann selbst bei zwei Zentimetern Abstand zum Bildschirm eingehalten werden. Zugleich ist sie jedoch auch ein direkter, manchmal gar kollektiver Eingriff in die Intimität.»

Die Schweizer waren und sind noch immer gut informiert. Was die Qualität betrifft, so steht unser Land in der Vertrauensrangliste sehr weit oben. Dies ist umso bemerkenswerter, wenn man die Grösse des Landes und die vier Landessprachen berücksichtigt. Eine der Herausforderungen beim Überwinden der Krise wird die Fähigkeit der Medien sein, das Themenfeld wieder für andere Inhalte zu öffnen.

Wie schwierig war es, unter Berücksichtigung der behördlichen Auflagen den Sendebetrieb aufrechtzuhalten?

Wir haben sofort die notwendigen Schritte zur Bewältigung verschiedener

Krisenszenarien unternommen. Wir verdoppelten einige Teams, reduzierten einige Programme, um anderweitig Ressourcen zu mobilisieren. Wir waren auch bereit, im Falle einer akuten Krise Ressourcen zwischen den Regionen auszutauschen. Wir sind beispielsweise in der Lage, ein Studio zur landesweiten Informationsvermittlung bereitzustellen.

Aber ich hatte nie das Gefühl, dass unsere Sender in Gefahr sind.

Wir haben unser Produktionsvolumen angepasst, ja. Aber die Fähigkeit zur Information war zu keinem Zeitpunkt gefährdet.

Durch improvisierte Abläufe – wie zum Beispiel Homeoffice oder Konferenzgespräche – wurde in vielen Unternehmen die Effizienz gesteigert. Beobachten Sie diese Entwicklung auch bei Ihnen? Wird man künftig an diesen Arbeitsformen festhalten?

Wir sind sofort und ganz einfach in einen Krisenmanagement-Modus übergegangen. Mit einem Dreiecksmodell: an der Spitze die Geschäftsleitung der SRG, die sich dreimal wöchentlich via Skype austauschte, und zwei Ad-hoc-Gruppen. Die erste war primär Gesundheitsfragen gewidmet, die zweite widmete sich den Produktionsthemen. Mit diesem System ist es möglich, sehr schnell und effizient zu führen. Dies umso mehr, als auch die verschiedenen Geschäftseinheiten der SRG in allen Regionen ihre Führung angepasst haben, um flexibler und agiler zu sein.

Alle anderen Treffen, alle beruflichen Beziehungen wurden aufrechterhalten – allerdings auf Distanz.

Etwas komplizierter ist es mit meinen internationalen beruflichen Verpflichtungen. Aber auch das konnten wir ohne allzu viele Probleme lösen, weil alle unsere Kollegen im Ausland in der gleichen Situation sind. Paradoxerweise macht dies die Dinge einfacher!

Diese Krise hat gezeigt, dass grosse Organisationen erstaunlich flexibel sein können. Dies war bei der SRG der Fall und wir werden daraus sicherlich wertvolle Lehren für die Zukunft ziehen.

Vor allem auf dem Gebiet der flexiblen Arbeitszeiten, in der Fernproduktion, der beruflichen Mobilität, bei interregionalen Treffen, die normalerweise viel unserer Zeit in Anspruch nehmen. Das werden wir analysieren und damit gestärkt aus diesem Abenteuer hervorgehen.

Allerdings gibt es auch einige Nebeneffekte, die wir nicht leugnen sollten. Zum Beispiel die Vermischung von Beruf und Privat.

Diese Umstellung kann unter Umständen schmerzhaft sein. Wir öffnen eine Art Fenster in unser privates Umfeld. Wer Skype mit der Videofunktion verwendet, zeigt dem Gegenüber seine persönliche Umgebung. Und es ist natürlich verlockend, einander zu sehen, insbesondere in Zeiten physischer Verknappung. Es ist auch beruhigend, es macht die Beziehung ein wenig greifbarer. Die soziale Distanz kann

Bahnhof Basel SBB, 18. März 2020

selbst bei zwei Zentimetern Abstand zum Bildschirm eingehalten werden. Zugleich ist sie jedoch auch ein direkter, manchmal gar kollektiver Eingriff in die Intimität. Und hier gibt es die ganze Palette.

Da gibt es diejenigen, die aufmerksam sind: Blumenarrangement im Hintergrund, ein paar wissenschaftliche Bücher, Werke moderner oder klassischer Kunst... Kurzum, da sind die Profis. Dann gibt es die anderen mit den mehr oder weniger geschmackvollen Ferien-Souvenirs in der Wohnung, mit freiem Blick im Hintergrund in eine unaufgeräumte «Kriegsküche» oder auf ein verwüstetes Schlafzimmer (lacht). Es gibt diejenigen, die mit der Mute-Funktion, also der Stummtaste des Mikrofons, nicht so vertraut sind und die das apokalyptische Konzert entnervter Kinder oder Ehepartner am Ende ihrer Kräfte mitsenden.

Und dann gibt es noch diejenigen, die uns mitten in die kalte und vollkommen aufgeräumte Wüste ihrer schrecklichen Einsamkeit einladen. Kurzum: Es gibt alles.

Alle sind auch Kollegen, mit denen das gesellschaftliche und berufliche Leben schliesslich weitergehen wird. Aber was machen wir dann mit diesen Bildern im Kopf? Können wir sie vergessen, jene intimen, nicht immer nur vorteilhaften Eindrücke? Nach dem Virus wird es emotionalen und psychosozialen Stress zu bewältigen geben.

Wie beurteilen Sie die Situation als studierter Soziologe?

Das ist eine sehr weit gefasste Frage... Ich denke, diese Krise wirft eine Reihe von sehr interessanten und wichtigen Fragen für die Schweiz auf. Einige davon möchte ich kurz beleuchten: Zunächst muss auf Fach- und Medienebene eine klare Unterscheidung zwischen der strukturellen Krisensituation der Medien (und ihrem Finanzierungsmodell) sowie der Notfallsituation (im Zusammenhang mit einer Pandemie) gemacht werden. Die Tatsache, dass Letztere recht gut verwaltet wird, heisst keineswegs, dass man sich mit Ersterer nicht mehr befassen muss. Gutes Krisenmanagement bedeutet also nicht, dass wir uns nicht mehr mit den strukturellen Problemen befassen müssten.

«Krise und Abschottung sind ein unglaublicher Impuls für die Digitalisierung der Gesellschaft. Im Zuge dessen nimmt die Bedrohung durch soziale Kontrolle gefährlich zu.»

Es ist wichtig, zwischen diesen beiden unterschiedlichen Ebenen zu differenzieren, wenn wir über direkte oder indirekte Unterstützung für einen Sektor diskutieren, der seine Bedeutung unter Beweis gestellt hat.

Die Situation der Medien in der Schweiz wird sehr fragil bleiben, trotzdem die Öffentlichkeit ihre Bedeutung, insbesondere auch die Bedeutung des Service public, (wieder) entdeckt haben wird. Es wird schwierig sein, mit diesem Paradox zu leben.

Auf der audiovisuellen Seite darf man gespannt sein, ob die Rückkehr der Fernsehgemeinschaft («Live», alle zusammen zur gleichen Zeit), die wir seit Beginn der Krise erleben, der Rückkehr der physischen Mobilität standhält. Wir werden weiterhin nach neuen Fernsehritualen suchen müssen. Wird die De-Linearisierung von Inhalten, die den Hintergrund der jüngsten Medienentwicklungen bildet, im selben Tempo weitergehen wie bis anhin?

Die Information wird auch weiterhin eine Schlüsselrolle einnehmen. Und zwar in einem subtilen Gleichgewicht von Experten und Journalisten. Information allein wird allerdings nicht ausreichen, um den Medien und dem Service public eine dauerhafte Legitimität zu verleihen. Andere Daseinsberechtigungen müssen gepflegt werden. Eine davon wird die Beziehung zur kulturellen Vielfalt der Schweiz sein. Es sind Brücken auf dem konföderalen Archipel. Unter diesem Gesichtspunkt glaube ich, dass das Projekt für eine nationale VOD-Plattform, die wir für Ende des Jahres vorbereiten, eine wichtige Rolle spielen könnte.

Aus der Sicht der Makroanalyse wird das gesamte Verhältnis zur Andersartigkeit infrage gestellt. Ich kann mir gut vorstellen, dass wir von einem «globalen» Modell zu einem «inter-nationalen» Ansatz übergehen. Ich unterscheide das Wort bewusst zwischen «inter» und «national» mit einem Bindestrich.

Die Dinge sind zu sehr miteinander verbunden, um sie entflechten zu können, wie mir scheint. Aber wir könnten eine Weiterentwicklung des Modells erleben: Das Globale, produziert nach einem Standard, der überall angewendet wird. Das Inter-Nationale ist eine Norm, die eher lokal interpretiert und vor allem eher lokal hergestellt wird. Auf jeden Fall werden die Themen der Autonomie und die Definition der Konzepte und deren Verbindungen noch intensiv diskutiert werden.

Die Schnelligkeit und Stärke dieser Pandemie wird ihre Spuren in der Beziehung zu anderen hinterlassen, in der Frage des Klimas, des Ernährungsmodells, des Gesundheitssystems, der Voraussicht, der Mobilität usw.

Ich stelle auch fest, dass der Service public im weitesten Sinne (Gesundheitssystem, Sicherheit, Lebensmittelkontrolle, Vorausplanung der Grundressourcen usw.) als wesentlich betrachtet wird. Bei einer solchen Pandemie wird überall auf der Welt die Vormachtstellung des Einzelnen infrage gestellt. Es bleibt jedoch abzuwarten, wie diese Themen in den grossen Kulturkreisen, insbesondere im Norden und Süden, interpretiert und erlebt werden.

Und auch in der Schweiz lässt sich diese Idee des Gemeinwohls und des Service public, des öffentlichen Dienstes zwischen Zürich und Genf, Lugano und Chur unterschiedlich verstehen und erleben.

Es ist nützlich, das föderalistische Modell in Krisenzeiten zu analysieren. Der Bundesrat ist, wie wir selbst in der SRG, zu einem vertikaleren und schnelleren Modell übergegangen. Die Umstände verlangten es. Wie aber erlebt die direkte und föderale Demokratie der Schweiz dies tatsächlich? Ist der verfassungsrechtliche Rahmen perfekt geeignet, eine solche Situation zu meistern? Die Reaktion des Parlaments wird in dieser Hinsicht sehr interessant sein.

Krise und Abschottung sind ein unglaublicher Impuls für die Digitalisierung der Gesellschaft. Im Zuge dessen nimmt die Bedrohung durch soziale Kontrolle gefährlich zu. Werden wir bereit sein, alles aufzugeben, was die individuellen Freiheiten und den Schutz der Privatsphäre betrifft, gegen das Gefühl der Sicherheit? Wird dies in verschiedenen Teilen des Landes auf die gleiche Weise erlebt und gelebt? Ich bin mir nicht sicher.

Schliesslich wird der Weg aus der Krise kompliziert sein und die endgültige Abrechnung wird sicherlich sehr hoch ausfallen. Wir können uns zwei Modelle vorstellen:

1. Die Wirtschaft erholt sich ziemlich schnell und es gibt keine zweite grosse Pandemiewelle (ohne Impfstoff) im nächsten Winter. Eine Art rationale Kontinuität scheint also möglich, vor allem in der Schweiz. Und es geht wieder mehr oder weniger so weiter wie zu Beginn des Jahres. In der Hoffnung, dass wir einige nützliche Lehren für die Zukunft ziehen können.

2. Eine tiefe wirtschaftliche Krise setzt ein, die Gesundheitssituation ist nicht geklärt, eine zweite Welle droht, ein zweiter Lockdown wird notwendig usw. Die Versuchung zum Rückzug, begleitet von grossen sozialen Spannungen, scheint mir dann durchaus möglich zu sein.

Und dann werden wir auch berücksichtigen müssen, was in unseren französischen, deutschen und italienischen Nachbarländern geschieht. Unsere Volkswirtschaften und kulturellen Bereiche sind zu sehr miteinander verflochten, als dass man sie ignorieren könnte.

Ist die Phase der Rückbesinnung und Temporeduktion nicht auch eine grosse Chance für die Menschheit?

Es ist immer nützlich, nachzudenken, aber es braucht nicht unbedingt einen tödlichen Virus dazu. Interessant, vielversprechend ist vor allem die Situation des Bruchs.

Die Tatsache, anders zu leben, führt de facto zu einer Verflachung bestimmter Gewohnheiten. Und das ist nützlich.

Aber sind Sie sicher, dass wir das Tempo wirklich reduziert haben?

Im Gegenteil, ich spüre einige blitzschnelle Beschleunigungen. Im beruflichen Kontext zum Beispiel ist unser Austausch kürzer und schneller. Wir entscheiden schneller. Wir haben TV- und Radioformate in wenigen Tagen konzipiert, während es normalerweise Wochen dauert.

> «Der starke Rückgang der Werbung bedroht direkt die Fähigkeit, Schweizer Inhalte zu produzieren.»

Daher bin ich der Meinung, dass die Verringerung der physischen Mobilität nicht mit der Verringerung der Geschwindigkeit verwechselt werden sollte. Bei völliger körperlicher Unbeweglichkeit besteht eine sehr schnelle intellektuelle Mobilität.

Und Sie selbst, Herr Renggli, Sie werden in weniger als drei Wochen ein Buch publiziert haben. Ich widme Ihnen drei Stunden, ohne auch nur einen Augenblick innezuhalten.

Tatsächlich haben wir nicht alles verlangsamt, wir machen die Dinge anders. Und das, ja, das könnte eine Chance sein. Ich denke, es ist eine Gelegenheit, unsere Verbindungen, unsere internationalen Beziehungen, unsere physische Mobilität, unsere Produktionsketten und den Einsatz der Virtualisierung zu überdenken. Aber ohne naiv zu sein. Wir müssen auch den Schutz unserer Privatsphäre, unserer individuellen Freiheiten ständig hinterfragen.

Wie wird sich die Krise mittel- und langfristig auf die Schweizer Medienlandschaft auswirken? Wird der Hang zur Digitalisierung auch medial weiter verstärkt?

Ja, natürlich. In kleinen Märkten wie dem unseren sind die Produktions- und Vertriebskosten ein echtes Problem, weil wir sie nicht über grosse Mengen amortisieren können.

Die Schweiz hat nur acht Millionen Einwohner. Dennoch ist der Preis für eine TV-Kamera oder eine Print-Presse ungefähr derselbe wie in Berlin oder Paris, deren Märkte zehnmal grösser sind. Deshalb ist der Beitrag der Werbung in kleinen Märkten so wichtig, um Inhalte zu finanzieren. Kopienverkäufe, Abonnements oder Gebühren allein reichen nicht aus, um das derzeitige Produktionsniveau sowohl quantitativ als auch qualitativ zu sichern.

Die Werbung in der Schweiz schmilzt wie Schnee in der Sonne. Sie wird von internationalen digitalen Plattformen und von deutschen und französischen Werbefenstern eingesaugt, die zudem die Programmrechte für die Schweiz nicht bezahlen, obwohl diese Programme in unserem Land vermarktet werden. Der starke Rückgang der Werbung bedroht direkt die Fähigkeit, Schweizer Inhalte zu produzieren.

Und wenn wir es nicht selbst tun, wer wird sich dann für unsere subtilen kulturellen, politischen, künstlerischen oder sportlichen Realitäten interessieren? Niemand. Weder die Deutschen, noch die Franzosen, noch die Italiener, geschweige denn die Amerikaner oder die Chinesen.

Die Medienkrise ist somit eine kulturelle Herausforderung für die Schweiz.

Die Medien versuchen also, ihre Kosten zu begrenzen. Deshalb digitalisieren sie ihre Produkte. Aber es gibt Grenzen. Und wenn Sie sich gegen mächtige deutsche, französische oder italienische Sender wehren wollen, wenn Sie eine solide Alternative zu globalen digitalen Plattformen bieten wollen, dann müssen Sie für eine qualitativ hochwertige Produktion sorgen. Nicht nur im Bereich der Information, sondern auch in den Bereichen Sport, Fiktion, Musik, Dokumentarfilm. Und das kostet Geld. Deshalb sehen immer mehr private Medien keine andere Rettung, als von der öffentlichen Hand unterstützt zu werden. Das Problem ist, dass auch die öffentlichen Mittel nicht unbegrenzt sind.

Ich glaube, dass der öffentliche Wert, der Public Value der SRG anerkannt ist. Aber was wird passieren, wenn sich viele Medien nicht von der Krise erholen? Werden letztendlich alle Medien mit der Begründung des Service public öffentliche Unterstützung beanspruchen müssen?

Dies wirft dann die interessante Frage nach der Definition des öffentlichen Auftrags auf (wer legt ihn fest, wer kontrolliert ihn, können wir einen öffentlichen Dienstleistungsauftrag haben und gleichzeitig versuchen, Gewinne zu erwirtschaften, mit welcher Art von unternehmerischer Unabhängigkeit usw.). Wir haben mit «No Billag» gesehen, wie lebhaft diese Debatte sein kann...

Wenn all dies also letztendlich zu einer Verzettelung der Ressourcen führt, dann wird niemand in der Lage sein, etwas Ernsthaftes zu tun, Inhalte zu produzieren, die der globalen digitalen Lawine standhalten können.

Es ist eine politische und berufliche Gleichung, die wirklich sehr, sehr komplex ist....

Was wünschen Sie sich für die Zeit nach der Krise?

Ein bisschen durchatmen zu können. Sagen wir so zwei bis drei Jahre ohne eine weitere grosse Krise – das wäre fantastisch!

Hinweis: aus dem Französischen übersetzt.

«Die Digitalisierung kann vieles ersetzen, aber ich freue mich darauf, meine Eltern wieder zu umarmen»

Er führte die SBB ins Zeitalter der Digitalisierung. Er stand mit strategischem Geschick und kommunikativem Gespür in der Führerkabine. Doch die letzten Wochen in seinem Job hatte sich Andreas Meyer (59) anders vorgestellt.

Über 13 Jahre war Andreas Meyer CEO der Schweizerischen Bundesbahnen. Er war ein Mann mit Visionen und einem ausgeprägten Flair für Digitalisierung – und er beherrschte das Spiel mit den Medien wie kaum ein Zweiter. Bei Kritiken stellte er sich fast immer der Diskussion und kommunizierte offensiv. Als er im Herbst 2019 seinen Rücktritt ankündigte, wurde er auch als Krisenmanager gelobt. Zu diesem Zeitpunkt wusste allerdings noch niemand: Die grösste Krise in Meyers Ära – ja überhaupt seit dem Zweiten Weltkrieg – stand den SBB noch bevor.

Das Coronavirus befiel den Zugverkehr wie kaum eine andere Branche. Die Passagierzahlen gingen praktisch über Nacht um 80 Prozent zurück, monatlich verlor die Bahn während des Lockdowns Millionen von Franken. Und Meyer sah sich mit einer ganz neuen Situation konfrontiert. «Ich hätte nie gedacht, dass ich den Menschen je davon abraten würde, öffentliche Verkehrsmittel zu benutzen.»

Mit etwas Abstand stellt er dem SBB-Krisenmanagement ein gutes Zeugnis aus: «Wir haben jeden Schritt bewusst vorausschauend beschlossen und nicht chaotisch reagiert.» Die Anpassungen und der Abbau der Transportkapazitäten sowie die Umstellung auf Kurzarbeit seien in geordneten Bahnen verlaufen:

Hauptbahnhof Zürich, 4. April 2020

«Am 15. März trafen wir entsprechende Entscheidungen, am 16. März begannen wir mit der Umsetzung.» Dass die SBB als wichtigstes Transportunternehmen des Landes ein Schlüssel zur Eindämmung der Pandemie ist, versteht sich von selbst. Zugkompositionen auf den Hauptverkehrsachsen und zu den Spitzenzeiten sind durchaus mit Massenveranstaltungen gleichzusetzen – verfügen sie doch über Kapazitäten von bis zu 1300 Sitzplätzen. Meyer hält jedoch fest, dass der Fahrplanabbau nicht aufgrund von behördlichen Weisungen vorgenommen wurde, sondern allein aus Ressourcengründen: Aufgrund des Selbstschutzes, zu erwartenden Krankheitsabwesenheiten und Engpässen in der Kinderbetreuung würde nicht mehr die übliche Zahl an Mitarbeitern verfügbar sein. Und noch auf etwas anderes legt der frühere CEO wert: «Wäre die SBB ein privates Unternehmen, hätten wir den Betrieb nicht um 25 Prozent reduzieren müssen, sondern um rund 80 Prozent. Aber die SBB und der öffentliche Verkehr sind Teile der Landesversorgung – Service public eben.»

Dass er das Unternehmen, das er während fast anderthalb Jahrzehnten nachhaltig geprägt hatte, ausgerechnet in dieser schwierigen Phase verliess, macht ihm emotional extrem zu schaffen: «Ich stieg aus einem Zug, der direkt in die Krise fuhr.» Trotzdem wäre es für ihn nicht infrage gekommen, seinen Abgang zu verschieben: «Mein Nachfolger Vincent Ducrot war zu diesem Zeitpunkt schon gut eingearbeitet; so wäre es wohl auch für ihn schwierig gewesen, wenn sich sein Stellenantritt verzögert hätte.» Zudem hat er mit der Konzernleitung Szenarien mit vorbehaltenen Entscheiden für die Bereiche Personenverkehr, Güterverkehr, Bahnhöfe und Infrastruktur erstellt. Vor diesem Hintergrund sei die geordnete Übergabe nie in Gefahr gewesen.

> «Ich hätte nie gedacht, dass ich den Menschen je davon abraten würde, öffentliche Verkehrsmittel zu benutzen.»

Grundsätzlich sei man bei den SBB auf Krisenszenarien vorbereitet. Dass es aber zu einer derart umfassenden Bedrohungslage kommen würde, hätte man sich nicht vorstellen können, so Meyer. Prinzipiell stellt er den Behörden für die Krisenmassnahmen ein gutes Zeugnis aus. Dass der exponentielle Anstieg der Fallzahlen gestoppt werden konnte, sei auf die sinnvollen Massnahmen sowie die Disziplin der Bevölkerung zurückzuführen. Gleichzeitig ist für ihn allerdings klar: «Die Lockerung der Richtlinien müsste verstärkt mit digitalen

Hilfsmitteln begleitet werden.» Mit entsprechenden Apps lassen sich Infizierte identifizieren und Gesunde warnen. Die entscheidende Frage für Meyer ist: «Wie kommt man nicht allzu geschwächt – ja sogar gestärkt aus dieser Situation?»

Eine verbindliche Antwort hat der Topmanager momentan noch nicht zu bieten. Was ihm die Krise persönlich vor Augen führt, kann er jedoch präzise sagen: «Wir können dankbar dafür sein, dass in unserem Kulturkreis die Gesundheit als höchstes Gut betrachtet wird.» Meyer erzählt von einer gemeinnützigen Reise im vergangenen Herbst nach Äthiopien, auf der diverse Schweizer Prominente auf einer Velotour Geld für ein Spital sammelten: «Da ging es um ein Krankenhaus für ein Gebiet mit 17 Millionen Einwohnern – mehr als doppelt so viele wie in der Schweiz.» Ziehe man diese Relationen in Betracht, seien die aktuellen Probleme hierzulande zu relativieren.

Dies betreffe auch seine verschobenen Reispläne nach dem Rücktritt als SBB-Chef: «Eigentlich wollten wir am 1. April die Koffer packen und am 2. April nach Indien fliegen. Daraus wurde nichts.» Auch die geplante Interrail-Tour im Sommer durch Europa müsse er wohl verschieben. Am meisten schmerze es ihn, dass wohl auch die Reise mit seinen Eltern in den Süden nicht stattfinden werde: «Sie sind nicht mehr so gut beieinander, aber wären so gerne noch mal nach Italien gefahren.» Meyer geht davon aus, dass in diesem Jahr grosse Reisen kaum mehr möglich sind: «Die Leute werden ihre Ziele mit Vorsicht auswählen.» Stattdessen rechnet er damit, dass nationale Destinationen an Attraktivität gewinnen – und damit auch die Bahn als Verkehrsmittel: «Die Klimadiskussion und die Probleme der Luftfahrtbranche dürften dem öffentlichen Verkehr Auftrieb verleihen.»

«Wenn die Passagiere vermehrt Apps anwenden, wird sich die Nutzung der Züge besser verteilen. Reisen wird bequemer.»

Als positive Auswirkung der Krise stuft er auch die verstärkte Tendenz zur Digitalisierung ein: «Sogar meine Mutter erweist sich mit Facetime mittlerweile als digitaltauglich», sagt er lachend. Im Geschäftsleben habe er diese Tendenz schon immer forciert und Wert darauf gelegt, dass alle Mitarbeiter digital erreichbar seien: «Dies kam uns nun zugute. Ohne digitale Unterstützung wäre die grösste Fahrplanumstellung der Geschichte in so kurzer Zeit nicht möglich gewesen.» Meyer glaubt, dass die momentane Situation die Menschen für den Umgang mit digitalen Applikationen sensibilisiere – beispielsweise für

die SBB-App, auf der die Auslastung der Züge abzulesen ist: «Wenn die Passagiere diese Mittel vermehrt anwenden, wird sich die Nutzung der Züge besser verteilen. Das Reisen wird bequemer.»

Auch für den beruflichen Alltag sieht Meyer aus dem Stillstand eine Chance: «Durch die digitalen Hilfsmittel werden wir flexibler und mobiler. Wir können Arbeiten von zu Hause aus erledigen und so Zeit sparen. Corona wird positive Auswirkungen auf unser Arbeits- und Freizeitverhalten haben und hoffentlich der Digitalisierung der öffentlichen Verwaltung den zusätzlich nötigen Schwung verleihen.» Ob sich die Gesellschaft durch den Ausnahmezustand nachhaltig verändern wird, vermag er nicht zu sagen: «Vermutlich werden exponierte Personen aus Risikogruppen ihr Verhalten auch längerfristig ändern und vorsichtiger sein. Junge dagegen dürften eher unkompliziert mit der Situation umgehen.» Was er sich persönlich für die Zeit nach der Krise wünscht, weiss Andreas Meyer genau: «Ich freue mich, auch wieder den physischen Kontakt mit meinen Freunden und Bekannten zu pflegen – ihnen zum Gruss die Hand zu schütteln oder aus Anerkennung auf die Schultern zu klopfen. Vor allem möchte ich endlich meine Eltern wieder umarmen.» Andreas Meyer galt bei den Schweizerischen Bundesbahnen als wichtigster Wegbereiter der Digitalisierung. Doch auch in seiner Welt lässt sich für ihn der persönliche und physische Kontakt durch nichts gleichwertig ersetzen.

Wimbledon im Homeoffice-Modus

Die Sportwelt steht still. Doch das ist kein Problem für Jalena Meyer. Die 13-jährige Basler Tennishoffnung schlägt in den sozialen Medien ein Ass nach dem anderen.

Noch hat Jalena Meyer keine grossen Turniere gewonnen. Zwar zählt sie zu den besten Schweizer Spielerinnen des Jahrgangs 2006 und besucht die Sportklasse im Kanton Baselland. Sie trainiert in einer Swiss-Tennis-Partnerakademie, ist aktuell als R2 klassiert und hat dank ihrer Körpergrösse von 172 Zentimetern einen starken Aufschlag. Doch ihr Vater Alexander sagt: «Die Spitze ist enorm dicht und es hat sehr starke Gegnerinnen in verschiedenen Jahrgängen.»

Dass Jalena den Durchbruch auf höchstem Niveau schafft, könne in einem Sport mit derart grosser Konkurrenz nicht vorausgesagt werden, meint Alexander Meyer. Deshalb warnt er vor übertriebenen Erwartungen: «Es ist wichtig, dass Jalena den Spass am Tennis behält. Bitte schreiben Sie auf keinen Fall, dass sie die nächste Martina Hingis wird.»

Gleichwohl ist die 13-jährige Rechtshänderin wohl eine der meistbeachteten Spielerinnen dieses Frühlings – weltweit, auf allen Kanälen. Auf Facebook und Instagram erreicht sie ein Millionenpublikum, und als im April sogar die ATP einen ihrer Beiträge teilte, verzeichnete sie allein auf dieser Plattform innerhalb von drei Stunden über 160'000 Views. Da kann selbst Roger Federer neidisch werden.

Im besagten Clip sitzt Jalena auf einem Hocker und schlägt mit vier Rackets (zwei davon an den Füssen befestigt) vier Bälle gleichzeitig gegen die Wand. «Is this for real?» («Ist das echt?»), war der Kommentar des ATP-Webmasters. «Es ist natürlich nicht echt», sagt Alexander Meyer lachend, «und das weiss auch jeder, der etwas von Tennis versteht, aber es ist wie bei einem Zauberer. Obwohl man nicht an Magie glaubt, schaut man einfach gerne zu.»

Die Fantasie des Publikums beflügelte die schwungvolle Sequenz so oder so in hohem Masse. «Die Follower kommen auf die verrücktesten Ideen, wie wir das gelöst haben könnten, von Schnüren und Gummiseilen ist da die Rede.»

Vater Meyer, Geschäftsführer der Agentur «fadeout» für digitale Kommunikation, ist ein Spezialist im Bereich des effizienten Marketings auf den sozialen Kanälen. Er kennt allerdings auch die Gefahren solcher Botschaften und weiss genau, wie schmal der Grat zwischen gelungener Showeinlage und eitler Selbstinszenierung ist. Es gehe nicht darum zu zeigen «schaut her, so gut bin ich», vielmehr solle der Zuschauer überrascht und unterhalten werden – und sich fragen, ist das wirklich möglich?

> *«Jalena funktioniert den eigenen Garten zum Wimbledon-Court um – mit sauber gemähtem Rasen und Bruder Laurin (11) als Schiedsrichter mit Megafon.»*

Meyer ist nicht der klassische «Tennisvater». Weder hetzt er seine Tochter permanent über den Platz, noch raubt er ihr mit pedantischer Kritik den Nerv. Gleichwohl forcierte er die Karriere von Jalena schon früh auf seine Weise: «Jalena hatte noch kaum einen Ball übers Netz gespielt, da besass sie bereits eine sehr schöne Homepage» (www.jalena-meyer.ch). Die Strategie hinter diesem digitalen Netzangriff: «Wenn man etwas erreichen will, muss man etwas machen – und zwar richtig.»

Nun realisierte der Marketingspezialist, dass während der Coronakrise der Moment für die digitale Offensive ideal ist: «Die Menschen sehnen sich nach Abwechslung und nach positiven Botschaften. Immer nur die gleichen Negativmeldungen zermürben.» Also setzte er mit Jalena zum virtuellen Serve and Volley an und eroberte das Netz (Web) im Sturm: Unter dem Motto «Stay at Home Drills» veröffentlichte er zusammen mit seiner Tochter vier Clips mit teils zirkusreifen Einlagen, erreichte Hundertausende von Zuschauern und bewies dabei: Tennis ist auch zu Hause möglich. Jalena spielt auf dem Balkon gegen ein Trampolin, errichtet auf der Quartierstrasse ein Netz mit Gartenstühlen und übt das Servicespiel. Sie schlägt auf einen Ball ein, der an einem Gewicht befestigt ist und immer wieder zurückkommt. Und sie funktioniert den eigenen Garten zum Wimbledon-Court um – mit sauber gemähtem Rasen, weissem Netz, Platzmarkierungen, dem Vater als Sparringpartner und Bruder Laurin (11) als Schiedsrichter mit Megafon. Das Foto schoss Mutter Stefanie.

Damit füllen die Meyers eine saisonale Marktlücke. Denn an der Church Road in Wimbledon wird in diesem Sommer wegen des Coronavirus kein einziger Ball übers Netz gespielt.

> *Selbst der Weltranglistenerste Novak Djokovic hat auf Instagram zu Jalenas Videos gratuliert. Solche Reaktionen motivieren.*

Derweil hofft Alex Meyer, dank der Publizität neue Partner zu finden. Medial funktioniert die Taktik bestens. Der «Tages-Anzeiger» schrieb Anfang April: «Eine 13-jährige Schweizerin begeistert mit Corona-Tennis» – andere Medien zogen nach. Und sogar der Sportadel verneigt sich: Auf Instagram hat selbst der Weltranglistenerste Novak Djokovic zu Jalenas Videos gratuliert. Entsprechend positiv waren die Rückmeldungen von Racketsponsor «Babolat» und Ausrüster «Bidi Badu».

Solche Reaktionen motivieren die Meyers, auch künftig auf dem digitalen Court am Ball zu bleiben – und etwa dem Beispiel des Bündner Freeskiers Andri Ragettli zu folgen. Dieser hat sich dank seiner gelungenen YouTube-Filme ein quasi resultatunabhängiges Standbein geschaffen. Alexander Meyer weiss aber genau: «Ohne gute Leistungen auf dem Platz helfen auch die besten Instagram-Beiträge nichts.»

Vorderhand ist jedoch nur Tennis im Homeoffice-Modus möglich. Wann Jalena Meyer wieder regulär spielen kann, steht in den Sternen. Eigentlich hätte sie in dieser Saison an 14 international ausgeschriebenen Turnieren teilnehmen wollen. Die meisten davon sind bereits verschoben oder abgesagt. Auf dem improvisierten heimischen Wimbledon-Court sind die Möglichkeiten ebenfalls beschränkt: «Hier sind höchstens Volley-Übungen möglich», sagt Jalena lachend. Und auch gastronomisch kann die Familie Meyer potenziellen Besuchern keinen realen Ersatz für das berühmteste Tennisturnier der Welt bieten. Erdbeeren mit Schlagrahm und das Kultgetränk Pimm's führen sie nicht im Sortiment – noch nicht.

«Das Hallenstadion bleibt im Konzert der Grossen»

Der Lockdown bedeutete für die Schweizer Event- und Unterhaltungsbranche das schlimmstmögliche Szenario. Besonders tangiert ist das Zürcher Hallenstadion, die grösste multifunktionale Schweizer Arena. Trotzdem bleiben der abtretende Direktor Felix Frei und sein Nachfolger Philipp Musshafen optimistisch.

Im Zürcher Hallenstadion kam die Coronakrise so früh an wie an kaum einem anderen Ort der Deutschschweiz. Bereits am 12. März veranlasste der neue Direktor Philipp Musshafen, dass das Eis abgetaut wird. Zwar glänzte zu jenem Zeitpunkt noch das Emblem der Eishockey-Weltmeisterschaft 2020 auf der Spielunterlage und es bestand die theoretische Möglichkeit, dass das Turnier im Mai stattfinden könnte. Doch energetisch machte eine Notfallbremsung mehr Sinn. Zur Situation sagte Musshafen schon damals: «Das ist ein Desaster für uns.»

Und daran wird sich in den kommenden Monaten kaum etwas ändern. Solange das Verbot für Grossveranstaltungen bestehen bleibt, ruht auch der Betrieb im Hallenstadion. Musshafen rechnet im «Worstcase» damit, dass erst im Mai oder Juni 2021 der Normalbetrieb wieder eingeführt werden kann. So stellte das Hallenstadion als eines der ersten Unternehmen im Eventbereich auf Kurzarbeit für die Festangestellten um. Für Teilzeitmitarbeiter war dies anfänglich nicht möglich. Ihnen drohte das gesamte Einkommen verloren zu gehen – erst mit den Anpassungen des Bundesrates Mitte April änderte sich dies.

Felix Frei, der das Hallenstadion seit 2007 geführt hatte und nun als Chef des lokalen OK der Eishockey-WM 2020 tätig war, spricht von wöchentlich rund 500'000 Franken Umsatz, die dem Betrieb verloren gehen. Durch die Absage der Eishockey-WM geht es um einen nochmals deutlich höheren Betrag. Zwar besitzt das Hallenstadion eine Pandemie-Versicherung, die den Schaden zumindest für drei Monate in Grenzen hält. Ausserdem kann es auf Rückstellungen der letzten Jahre zählen. «Allerdings wären die für mittel- und längerfristige Grossinvestitionen vorgesehen gewesen», erklärt Musshafen.

So gerät mit der gesamten Eventlandschaft unweigerlich auch die Zürcher Arena unter schweren Druck. Frei sagt dazu: «Für die Veranstaltungsbranche ist die Situation dramatisch. Ihr zieht Corona den Boden unter den Füssen weg.» Frei geht davon aus, dass viele Firmen kaum zwei, drei Monate überleben werden. Musshafen ergänzt: «Bis zur Krise rechneten wir mit einem Rekordjahr. Nun wird das Gegenteil eintreten.»

Die fortschreitende Globalisierung und zunehmende Vernetzung wirkt sich zusätzlich verschärfend aus. Musshafen spricht von einer «globalen und industrialisierten Wertschöpfungskette». Während früher noch vieles auf persönlichen Kontakten und Handschlagverträgen basiert habe, sei es für die Veranstalter heute sehr schwierig, Umfeld und Risiken zu beeinflussen. Es brauche bei den meisten Events eine Auslastung von über 90 Prozent, um an einer Show noch verdienen zu können, erklärt Felix Frei.

Grundsätzlich sei das Publikum in den vergangenen 13 Jahren mündiger und anspruchsvoller geworden: «Die Leute reklamieren häufiger schon wegen Kleinigkeiten.» Gerade in den sozialen Medien bekomme man dies schnell zu spüren. In der Tendenz werde das Publikum auch egoistischer. Es komme häufiger vor, dass Leute die Halle früher

Felix Frei

verlassen oder sich beim Personal beschweren, weil ihnen etwas an der Show nicht gepasst hat. Gleichzeitig relativiert Frei: «Doch unter dem Strich haben wir bei einer Million Gäste pro Jahr sehr wenig negative Erlebnisse.»

Schon vor der Coronakrise machte er aber eine gewisse Übersättigung beim Publikum aus. Dass beispielsweise das Open Air St. Gallen nicht alle Tickets wegbringt, sei früher undenkbar gewesen. Auch das Hallenstadion ist von diesen Tendenzen betroffen. Frei: «Es ist nicht mehr selbstverständlich, dass auch beliebte Künstler 13'000 Tickets verkaufen. Wenn dieselben Acts innert weniger Monate mehrfach in der Schweiz spielen, haben es die Leute einmal gesehen. Wir haben mehr mittelgrosse Shows als früher und die durchschnittlichen Zuschauerzahlen sinken.»

Frei rechnet durch die Pandemie mit einer «ungewollten Bereinigung». Für viele Unternehmen gehe es in kürzester Zeit um die Existenz. Mit Blick nach vorne gebe es aber durchaus Grund zur Hoffnung. Er rechnet mit einem Nachholbedarf beim Publikum: «Einerseits werden verschobene Anlässe nachgeholt, andererseits finden neue Veranstaltungen zusätzlich statt. Es wird für eine gewisse Zeit deutlich mehr Events geben.»

Auch sonst prophezeit Frei dem Hallenstadion eine gute Zukunft. Mit dem Auszug der ZSC Lions eröffne sich der Arena die Möglichkeit, sich neu zu positionieren und für Veranstalter noch attraktiver zu werden. Von den zehn bis zwölf Millionen Franken, die in den kommenden Jahren ins Unternehmen investiert werden sollen, ist ein Teil für die Digitalisierung vorgesehen. Allerdings könnte Corona diese Pläne durchkreuzen.

Die Konkurrenz der renovierten Basler St. Jakobs-Halle fürchten Frei und Musshafen dennoch nicht. Die Basler Regierung schätze den Markt komplett falsch ein, sagt er mit zwinglianischer Härte. Basel habe wirtschaftlich einen völlig anderen Stellenwert als die Grossregion Zürich mit der direkten Anbindung zum Flughafen. Der Markt Zürich sei zu stark, was seine Wertschöpfung anbelangt. Und dies sei für Künstler, Promotoren und Produzenten zentral.

Ausserdem besitze das Hallenstadion grosses Prestige. Für in- und ausländische Künstler sei es das höchste Ziel, das Hallenstadion zu füllen: «Wer als Topkünstler wahrgenommen werden will, muss ins Hallenstadion.» Basel dagegen sei aus Entertainment-Sicht ein B-Standort – und komme dann zum Zug, wenn das Hallenstadion belegt ist oder eine Show aus strategischen Gründen an mehreren Orten in der Schweiz stattfinde.

Das Hallenstadion werde auch nach überstandener Coronakrise im «Konzert der Grossen» mitspielen, denken Frei und Musshafen unisono. Verantwortlich dafür sei die grössere Kaufkraft in der Schweiz. Wenn ein Künstler in der Schweiz 15'000 Tickets verkauft, kann er mehr Einnahmen generieren als beispielsweise bei 22'000 verkauften Tickets in Prag.

Philipp Musshafen

«Zeit für Solidarität und Teamgeist»

13 Jahre Bundesrat, sechs Jahre Sonderberater der UNO, Vordenker des Jahrhundertprojekts NEAT – und in seinen Zeiten im Spitzensport der Mann, der die «Goldenen Tage Sapporo» begründete. Dölf Ogi **(77) ist das Schweizer Synonym für Aufbruchsstimmung und Motivationskünste. Ein magistraler Blick auf die Jahrhundertkrise.**

Es war und ist sehr entscheidend, dass sich vor allem meine Generation, aber auch die anderen Generationen in dieser Krise vorbildlich verhalten – also die Aufforderungen des Bundesrates befolgen. Letztlich entscheidet unser Verhalten über Leben und Tod!

Ich bin guter Dinge, dass wir die Krise überwinden werden, schliesslich steckt in jedem von uns eine Sportlerin oder ein Sportler. Wichtig jedoch ist: Jetzt sind Selbstdisziplin, Solidarität, Mitverantwortung und Geschlossenheit gefragt. In dieser Ausnahmesituation können wir beweisen, dass wir eine solche Krise meistern.

Dies erinnert mich auch an meine Zeit im Sport. Denn es ist der Begriff vom Team Schweiz gefallen. Das trifft den Nagel auf den Kopf. Wir sind ein Team mit acht Millionen Mitgliedern im Kampf gegen einen heimtückischen Gegner, der nicht zu greifen ist. Aber in der Krise zeigt sich der wahre Charakter!

Doch nun stellt sich die Frage: Wie geht es weiter? Eine Antwort kennen wir nicht. Und dies macht die Krise so unberechenbar. Klar ist, dass die Folgen gravierend sind. Es wird viel Leid und Tod geben. Der wirtschaftliche Schaden ist immens. Es wird die Welt und unser Land verändern. Nichts wird mehr so sein, wie es vorher war.

Braucht es eine solche Krise, um die Solidarität der Menschen zu wecken? Offenbar ja – denn wir haben uns von unseren Werten entfernt und von unseren Idealen entfremdet. Vielleicht sind wir etwas selbstgefällig und überheblich, etwas träge und gierig geworden.

Corona hat uns die Augen geöffnet, uns sozusagen auf dem falschen Fuss erwischt.

Wie werden wir uns erholen? Wenn wir stark, solidarisch und diszipliniert sind, dann kommt es gut! Da bin ich mir sicher. Dann haben auch viele Menschen, die noch nie eine Krisensituation

erlebt haben, eine Lektion für das Leben erfahren.

Wir haben es in der Hand, dies massgeblich zu beeinflussen. Und wir haben es ebenso in der Hand, aus der Krise die richtigen Schlüsse zu ziehen.

Mag die Situation noch so schlimm erscheinen – es gibt keine Alternative zum Optimismus und damit zum Glauben (!) und zur Zuversicht, dass hoffentlich schon bald bessere Zeiten kommen. Zeiten, in denen wir vielleicht nicht mehr so zu Überheblichkeit und Überfluss neigen, wie wir das zuletzt getan haben.

> *«Mag die Situation noch so schlimm erscheinen – es gibt keine Alternative zum Optimismus und damit zum Glauben und zur Zuversicht.»*

Wir werden demütiger und bescheidener, und wir werden viele Dinge wieder mehr schätzen: den Jass in der Beiz, das Essen im Restaurant, den Apéro mit Freunden, den Besuch eines Konzerts, einer Theateraufführung, eines Kinofilms. Das Skifahren, das Bergwandern mit Konsumation im Bergstübli.

Unser Land wird wieder verstärkt zum Zentrum unseres Lebens. Alles, was so selbstverständlich war, wird eine neue Wertschätzung erhalten. Und das ist gut so! Das vermittelt eine neue Solidarität!

Und wenn wir aus diesem nahezu totalen Stillstand die richtigen Schlüsse ziehen, wird unser Leben vielleicht sogar besser.

Dies gilt auch für den etwas überdrehten und überhitzten Spitzensport. Gerade in diesem Bereich kann die Phase der Rückbesinnung eine Chance sein, die uns zum Nachdenken, zum Relativeren und zum Hinterfragen bewegt: Wollen wir Gigantismus? Sind Grossanlässe in der heutigen Dimension mit dem Klimaschutz vereinbar? Ist die hemmungslose Kommerzialisierung wirklich zukunftsgerecht?

Ich sage: Nein. Im Sport, gerade im Fussball, ist ja die Gier immer grösser geworden. Also sollen wir aus Fehlern lernen und es besser machen. Diese Chance müssen wir nutzen. Es ist Zeit, mehr Solidarität zu zeigen und mehr «Freude herrscht»-Stimmung zu erzeugen.

Mein Vater sagte mir einmal auf einem Berggipfel: «Gugg, Döfi, hier oben ist noch heile Welt. Aber wenn wir Menschen in der Zukunft nicht etwas mehr Mass halten, dann werden wir unten im Tal eine Epidemie erleben. Der Mensch verseucht sich selber.» Mein Vater hatte recht. Doch die entscheidende Frage ist: Lernt der Mensch aus dieser Krise?

Dölf Ogi

Welche Welt wollen wir nach Covid-19?

Covid-19 hat viel Unsicherheit und Leid verursacht, aber die Nachwirkungen der Krise bieten die Chance, mit alten Gewohnheiten zu brechen und eine gleichermassen nachhaltige wie wettbewerbsfähige Wirtschaft aufzubauen, schreiben Bertrand Piccard und Frans Timmermans. Ein «Weiter so!» als Rettungspaket kann nicht die Antwort sein. Statt verzweifelt zu versuchen, zum Zustand vor der Coronakrise zurückzukehren, sollte unser Ziel eine andere, bessere Wirtschaft sein.

Wir hatten die schleppende Entwicklung einer linearen und kohlenstoffintensiven Wirtschaft, die Mühe hatte, die Beschäftigungszahlen und die Lebensqualität der Menschen zu verbessern, die dabei aber gleichzeitig die natürlichen Ressourcen erschöpfte, gefährliche Abfälle und giftige Schadstoffe erzeugte, die Bevölkerung und die Industrie gefährdete, ganz zu schweigen vom Klimawandel. Wollen wir wirklich dahin zurück?

Die Coronavirus-Krise ist noch nicht vorbei. Viele Menschen leiden darunter: diejenigen, die sich angesteckt haben, und ihre Familien; die Beschäftigten im Gesundheitswesen an vorderster Front; Arbeitnehmende, die ihren Arbeitsplatz verloren haben; Selbständige und Kleinunternehmen, die einer ungewissen Zukunft entgegensehen; und auch die Aktienmärkte stürzen ab. Für viele ist dies eine schreckliche Zeit.

Im Moment sollten wir uns darauf konzentrieren, das Virus zu bekämpfen und gleichzeitig sicherzustellen, dass wir unsere Wirtschaft und unser Finanzsystem am Leben erhalten. Sobald wir jedoch die unmittelbare Krise überwunden haben, müssen wir unsere Wirtschaft so schnell wie möglich wieder ankurbeln und die Produktionsketten wieder zum Laufen bringen, damit die Menschen wieder arbeiten und ein Einkommen erzielen können. Das stellt uns aber auch vor die Wahl: Wollen wir verzweifelt darum kämpfen, zu dem zurückzukehren, was wir vorher hatten – oder wollen wir versuchen, einen deutlich besseren Zustand zu erreichen?

Bertrand Piccard

Eine träge, lineare und CO2-speiende Wirtschaft, die grösste Probleme hat, die Beschäftigungsraten und die Lebensqualität zu erhöhen, während sie gleichzeitig die natürlichen Ressourcen erschöpft, gefährliche Abfälle und giftige Schadstoffe produziert und die Bevölkerung und die Industrie in Gefahr bringt – vom Klimawandel ganz zu schweigen. Wollen wir so etwas wirklich erneut aufbauen?

Es gibt noch einen anderen Weg: das Streben nach qualitativem Wachstum mit einer zirkulären, nachhaltigen und höchst wettbewerbsfähigen Wirtschaft. Wie kommen wir dorthin? Indem wir alte und umweltverschmutzende Anlagen durch eine moderne, saubere und effiziente Infrastruktur ersetzen, und zwar in allen Sektoren – Wasser, Energie, Bauwesen, Mobilität, Landwirtschaft und Industrieprozesse, um nur einige zu nennen. Das würde viele Arbeitsplätze schaffen und unser BIP viel stärker wachsen lassen, als es auf die alte Art und Weise möglich ist.

Deshalb ist es falsch, zu sagen, der Green Deal sei ein Luxus, den wir uns nicht leisten können. Die Überschwemmungen, Dürren, Waldbrände, der Meeresspiegelanstieg und die Wüstenbildung werden uns hart treffen. Ausserdem werden uns der Rückgang der Natur und der schmelzende Permafrost mit noch mehr unbekannten Viren konfrontieren.

Der plötzliche Stillstand der Massenproduktion und des Transports schadet zwar unserer Wirtschaft, gibt uns aber einen kleinen Vorgeschmack darauf, wie es sein könnte, wenn wir unsere Mobilität elektrifizieren und die fossilen Brennstoffe in unserer Industrie reduzieren würden. Denn anstatt sich saubere Luft im Herzen unserer Städte nur vorzustellen, kann man sie jetzt tatsächlich atmen.

Der Green Deal ist eine Wachstumsstrategie, die gleichzeitig die Umwelt schützt. Erneuerbare Energien und saubere Technologien bieten riesige wirtschaftliche und industrielle Chancen, die bessere Zukunftsaussichten haben als die Rückkehr zu einer auf fossilen Brennstoffen basierenden Wirtschaft, die von Unsicherheit und Unvorhersehbarkeit geprägt ist.

Warum ist das so? Weil sich saubere Technologien dank der Energie- und Ressourceneinsparungen, die sie bieten, bezahlt machen. Investitionen in diese neue Infrastruktur sind keine Kosten, sondern eben Investitionen: Eine Möglichkeit, den Gewinn für die Industrie zu erhöhen und die Ausgaben für den Einzelnen zu senken.

> «Es ist falsch, zu sagen, der Green Deal sei ein Luxus, den wir uns nicht leisten können.»

- Wir können ein robustes Netz erneuerbarer Energien auf der Grundlage von Sonnenenergie, Geothermie, Biomasse, Meeresenergie und Windkraft aufbauen. Und die Möglichkeiten reichen noch viel weiter.
- Wir könnten Häfen mit Land-zu-Schiff-Energie elektrifizieren, um die Emissionen des Seeverkehrs zu reduzieren;

Frans Timmermanns

- viel mehr Ladestationen für Elektrofahrzeuge und Wasserstofftankstellen bauen;
- zusätzliche Effizienzstandards für alle Arten von Geräten festlegen;
- den Energieverbrauch von Gebäuden durch effiziente Heizung, Lüftung und Klimatisierung, innovative Isoliertechnologien oder intelligente Lösungen für das Fassadenbeschattungsmanagement senken.
- Wir könnten auch unseren Landwirten bei der Modernisierung helfen, damit sie weniger Pestizide einsetzen, somit unsere Umwelt schonen und gleichzeitig gesündere Produkte herstellen können.

Diese Technologien existieren bereits. Sie stellen nur einige Beispiele der von der Stiftung Solar Impulse ermittelten und ausgewählten Lösungen dar. Die Challenge «#1000Solutions» soll dies deutlich machen. Was für diese Technologien wichtig und notwendig ist, ist ein leichterer Zugang zu Investitionen, ein öffentliches Beschaffungswesen in Übereinstimmung mit dem Pariser Klimaabkommen, und vorteilhafte Umweltvorschriften, die auf dem Markt eine Nachfrage für ebendiese Lösungen schaffen.

Eine weitere Verzögerung strengerer Abgasnormen für Autos wird der Autoindustrie nicht helfen, wenn die Städte Verbrennungsmotoren verbieten und die Kunden auf Elektroautos umsteigen. Und der Energieindustrie wird es wirtschaftlich nichts nützen, Kohlekraftwerke am Laufen zu halten, wenn die Preise für erneuerbare Energien weiter sinken. «Mehr vom Alten» als Rettungs- und Wiederaufbaumassnahme? Das kann nicht die Lösung sein.

Anstatt die kommenden Konjunkturpakete zu nutzen, um weiterhin «Business as usual» zu unterstützen – also veraltete Wirtschaftsmodelle fortzuführen und in Vermögenswerte zu investieren, die bald auf der Strecke bleiben werden – sollten wir in eine neue Wirtschaft investieren, um aus der Krise heraus und in eine bessere Lage zu kommen als die, die wir gerade hinter uns gelassen haben. Wir müssen fit für die Zukunft sein: nachhaltig, integrativ, wettbewerbsfähig und gut vorbereitet.

So können wir den grössten Industriemarkt des Jahrhunderts schaffen. Denn es ist heute deutlich rentabler geworden, die Umwelt zu schützen, als sie zu zerstören. Jetzt könnte die beste Gelegenheit sein, dies anzugehen.

Bertrand Piccard
Frans Timmermanns

«Der Bär vor der Höhle wartet auf jemand anderen»

Man soll seinen Enkelkindern doch ein Büchlein zeichnen oder mit seiner Frau auch zu Hause mal ein Candle-Light-Dinner geniessen. Das meint Peter Reber (71). Er begegnet dem Ausnahmezustand mit der Gelassenheit des Poeten und Weltenseglers. Und er hofft, dass die Menschen daraus etwas lernen.

Er ist einer der erfolgreichsten Schweizer Musiker. Mit Peter, Sue & Marc setzte er in den 1970er-Jahren grenzüberschreitende Massstäbe. Dann liess er alles hinter sich und befuhr zusammen mit seiner Frau Livia sieben Jahre lang die Weltmeere. Während des Segeltörns lancierte er seine Solokarriere – und war somit Aussteiger und Einsteiger zugleich. Weit über zwei Millionen Alben hat er als Einzelkünstler verkauft und als Produzent für andere Interpreten diverse Hits geschrieben. «Ich verdanke Peter meine beiden grössten Hits – ‹Swiss Lady› und ‹Piccolo Man›», sagt beispielsweise der ewige Bandleader Pepe Lienhard. Heute bildet Peter Reber zusammen mit Tochter Nina ein kongeniales Duo. In der Coronakrise vermisst er am meisten den Kontakt zu seiner Enkelin. Doch er schickt ihr Rauchzeichen vom Grill.

Peter Reber, die Welt ist in Aufruhr – erstmals seit dem Zweiten Weltkrieg ist der nationale Notstand ausgerufen und das Militär mobilisiert. Wie beurteilen Sie die Lage?

Diese Seuche ist eine Katastrophe und bringt uns in ein grosses Dilemma: Einerseits verlieren Menschen geliebte Angehörige, vielleicht selbst ihr Leben, andererseits bangen viele wegen des Lockdowns um ihre Jobs oder um die Firma, die sie über Jahre aufgebaut haben. Noch nie mussten so schwierige Entscheidungen in so kurzer Zeit mit so wenig Erfahrungswerten getroffen werden. Fehler werden passieren und wir sollten da mit unseren Urteilen etwas grosszügig sein.

Wir werden gerade daran erinnert, wie wenig es braucht, um das komplexe Geflecht unserer Gesellschaft, das Funktionieren der Wirtschaft und unser Wohlbefinden aus der Balance zu werfen. Der Firnis der Zivilisation ist dünn und verletzlich. Die ganzen Schutzwälle, welche die Menschheit über Jahrtausende aufgebaut hat, um ihr Überleben zu sichern, sind plötzlich nicht mehr verlässlich. Auf einmal sind wir wieder sterblich.

> «Noch nie mussten so schwierige Entscheidungen in so kurzer Zeit mit so wenig Erfahrungswerten getroffen werden.»

Zwar lungert der Bär, der uns fressen will, nicht mehr vor unserer Höhle herum – wir haben Häuser gebaut und Waffen erfunden, aber die gesichtslose und unsichtbare Gefahr, dieser Virus, der uns jetzt bedroht, ist ebenso gefährlich und macht uns verständlicherweise Angst.

Das besonnene Vorgehen unserer Regierung finde ich bis jetzt vernünftig. Die Mehrheit der Schweizer Bevölkerung sieht das auch noch so. Das ist aber nur eine Momentaufnahme und kann sich ändern. Wir wissen nicht, wie sich der Lockdown längerfristig auf die Psyche und unser Verhalten auswirkt. Kommt dazu, dass sich die Konsequenzen getroffener Massnahmen erst Wochen später zeigen. Die Aussagen einiger Wirtschaftswissenschaftler, dass die wenigen Jahre, die einem Genesenen durch den Lockdown geschenkt werden könnten, zu viel kosten würden, finde ich fragwürdig. Was darf ein Leben kosten?

Auch ich möchte bei einer Ansteckung gerne noch ein paar Jahre leben, um meine Enkelkinder aufwachsen zu sehen. Ich bin dankbar dafür, dass mit den gezielten Massnahmen verhindert wird, dass unser Gesundheitssystem zusammenbricht wie etwa in Italien oder in New York. Wer hat da das Recht, den Todesengel zu spielen? Eine Zivilisation, die ihren Namen verdient, nimmt auch die Schwächeren und Verletzlichen mit.

Gewiss, es macht Sinn zu diskutieren, wie weit wir gehen sollten, um Leben zu verlängern, und was dieser Preis für die Gesellschaft bedeutet. Aber erstens sterben nicht nur alte Menschen, sondern auch jüngere, auch solche, die keine medizinische Vorgeschichte haben. Und zweitens sollte eine solche Diskussion ganz bestimmt nicht am Anfang einer Epidemie stehen, wenn es darum geht, erst einmal den Betroffenen Hilfe zu leisten.

Sie machten Karriere in der Hektik des Musikgeschäfts und segelten danach auf eigene Faust in der Welt herum. Wie lernt man mit diesen Kontrasten umzugehen – und vermittelt diese Erfahrung Ihnen nun in der Phase des relativen Stillstands ein Sicherheitsgefühl?

Peter Reber

Mein Leben war schon immer geprägt von Hektik und Ruhe – hoffentlich nicht Stillstand. Einerseits die verrückten Jahre mit Peter, Sue & Marc und dann der jahrelange Törn, wo man auch mal ein paar Wochen zu zweit allein über den Atlantik oder irgendwo an den Küsten Alaskas unterwegs war. Ich persönlich brauche keine grosse Betriebsamkeit und komme mit der jetzigen Situation gut zurecht. Aber ich habe leicht reden, denn ohne meine wunderbare Partnerin würde ich das wohl nicht so gut schaffen.

Auf unserer langjährigen Reise mussten einige Krisen und sogar lebensbedrohliche Situationen bewältigt werden: Schwere Stürme, Motorausfälle im dümmsten Moment oder nervige

Auseinandersetzungen mit sturen Behörden. Wir haben das alles gut überstanden und das gibt einem schon ein Grundvertrauen, von dem man jetzt zehren kann. Es macht aber auch demütig und dankbar, denn ich weiss, es war nicht immer nur unser überlegtes Handeln, sondern auch eine Portion Glück, die die Katastrophe abwendete.

Können Sie sich an eine (auch nur annähernd) ähnliche Situation erinnern?

Nein, dies ist eine weltweite Krise, wie vielleicht nur die Weltkriege es waren, und diese mussten die meisten von uns glücklicherweise nicht erleben. Corona wird auf längere Zeit hinaus unser Leben prägen. Gerade auch mein Leben, denn ich gehöre mit meinen 71 Jahren zur Risikogruppe, obwohl ich ziemlich fit bin und gerade eine Tournee mit 34 Konzerten in drei Monaten bestens überstanden habe.

Was denken Sie, wenn Sie von Hamsterkäufen hören und erleben, dass sich Menschen um eine Packung Toilettenpapier streiten?

Das ist wirklich nur dumm. Keine Ahnung, was man mit so viel Klopapier anfangen könnte. Das hält ja kein Hintern aus. Da ist mir das unseren französischen Nachbarn nachgesagte Verhalten schon sympathischer: Sie sollen Wein und Verhütungsmittel gehamstert haben!

> «Livia telefoniert sehr viel. Ich bin kein Telefonierer, schicke eher Rauchzeichen – am liebsten mit dem Grill.»

Statistisch gehören Sie zur Risikogruppe. Mit wem pflegen Sie Kontakt? Sehen Sie Ihre Kinder und Enkel?

Livia und ich bleiben schön brav zu Hause und sehen nur ab und zu Nina. Im Garten, mit gebührendem Abstand natürlich. Sie lebt im selben Haus, in einer anderen Wohnung. Simons Familie und unsere Enkelin sehen wir leider nicht. Sie ist zweijährig und kann noch nicht verstehen, weshalb sie nicht wie früher auf Omamas Schoss hüpfen kann. Unsere Kinder und Enkelkinder in die Arme schliessen zu können, das vermissen wir schon sehr. Da lobe ich mir die heutigen technischen Möglichkeiten mit WhatsApp, Facetime und Skype. Sie machen es etwas erträglicher, aber den persönlichen Kontakt können sie natürlich nie ersetzen.

Livia telefoniert sehr viel. Ich bin kein Telefonierer, schicke eher Rauchzeichen – am liebsten mit dem Grill. Auch der kommt jetzt ab und zu zum Einsatz. Essen wird plötzlich noch wichtiger. Wir sind privilegiert, da wir glücklicherweise einen Garten haben. Draussen zu

PETER REBER

sein, macht vieles leichter. Ich kann mir gut vorstellen, dass das Leben einer Familie mit Kindern, womöglich noch in einer kleinen Wohnung, im Lockdown viel schwieriger ist.

> *«Ob wohl diejenigen Kulturschaffenden, die für diesen Staat nur ein müdes Lächeln hatten, seine Hilfe nun plötzlich gerne annehmen?»*

Was macht diese Zeit der Ruhe mit Ihnen persönlich?

Ausser bei Auftritten und Tourneen war mein Arbeitsplatz schon immer zu Hause. Homeoffice ist für mich der Normalfall und ich habe jede Menge zu tun. Gerade bin ich daran, all die Korrespondenz aufzuarbeiten, die während der Tour die letzten Monate liegen geblieben ist. Zudem mische ich in meinem kleinen Studio den Soundtrack des Videos eines meiner Jubiläumstour-Konzerte. Arbeit für ein paar Wochen. Vom Aufräumen des Tonarchivs ganz zu schweigen. Nein, Ruhe ist noch nicht eingekehrt, und das ist auch gut so. So viel anders als vor Corona sieht mein Alltag also nicht aus.

Für mich ist es wichtig, eine Routine einzuhalten, mich nicht fallen zu lassen, das heisst am Morgen ganz normal aufzustehen und an die Arbeit zu gehen. Es ist aber auch wichtig, sich ab und zu etwas Besonderes einfallen zu lassen: Ein Candle-Light-Dinner mit seiner Allerliebsten kann auch zu Hause – und nicht nur im Restaurant – ungeahnt romantische Gefühle hervorzaubern.

Der Lockdown trifft die Kunst- und Eventszene besonders hart. Droht vielen Musikern der Bankrott?

Wer nicht das Glück hatte, sich ein Polster zulegen zu können, hat es sicher schwer. Viele Künstlerinnen und Künstler leben von Gage zu Gage. Und die fällt jetzt weg. Wir leben von und mit dem Publikum. Konzerte werden wohl erst ganz zuletzt wieder erlaubt werden. Ich denke aber auch an die Veranstalter, die Roadies, Techniker, die kleinen Theater und Bühnen, die vor dem Nichts stehen. Die Durststrecke wird wohl leider lang sein und Hilfe sollte auch da geleistet werden.

Ob diejenigen Kulturschaffenden, die diese Gesellschaft stets in die Pfanne gehaut haben und für diesen Staat nur ein müdes Lächeln hatten, seine Hilfe nun plötzlich gerne annehmen?

Kann eine Konzertübertragung per Livestream aus einem leeren Saal funktionieren?

Ja, ein Livestream kann funktionieren, aber ein Livekonzert natürlich nie ersetzen. Der direkte Kontakt ist für beide – Künstler und Publikum – das optimale Erlebnis. Jetzt hilft man sich halt mit den Möglichkeiten, die man hat. Ein Livestream hat auch Vorteile: Die Reichweite via Netz ist viel grösser als ein Konzertsaal es je sein könnte. Es können Künstler zusammen musizieren, die sich an ganz verschiedenen Orten befinden, wie das Corona-Benefizkonzert mit Weltstars wie den Rolling Stones und Millionen Viewern gezeigt hat.

Welche positive Kraft kann man aus einem solchen Stillstand ziehen?

Für all jene, die jetzt unfreiwillig viel Zeit haben, ist es auch eine Chance, Dinge zu tun, für welche man nie Zeit fand: Ein schon lange verwaistes Instrument wieder einmal in die Hände zu nehmen und wieder neu zu entdecken, wieso man damals so fasziniert davon war. Bücher zu lesen, versuchen, einmal ein Gedicht zu schreiben oder seinen Enkelkindern ein Büchlein «Vom bösen Virus und der guten Pflegerin» zu zeichnen. Jeder Mensch kann zeichnen. Man hat es nur vielleicht seit der Schule nie mehr getan. Das Aufräumen des Estrichs und Kellers kann warten. Das ist nicht so wichtig. Dafür hat man genug Zeit im nächsten Leben oder die Entsorgungsfirma der Erben besorgt das dann auch.

Bemerken Sie Veränderungen in der Natur?

Die sehe ich schon lange. Die globale Erwärmung mit verheerenden Konsequenzen in der Zukunft ist genauso real wie der Virus. Nur kommt diese in leiseren Schritten daher und nicht so überfallartig wie diese Pandemie. Das scheint uns weniger zu ängstigen. Ist aber genau so gefährlich.

«Die globale Erwärmung mit verheerenden Konsequenzen in der Zukunft ist genauso real wie der Virus.»

Was wünschen Sie sich für die Zeit nach der Krise?

In Krisen sieht man verborgene Unzulänglichkeiten. Eigentlich wussten wir alle, dass so etwas passieren kann. Aber nur nicht uns – und nicht jetzt. Vielleicht werden wir vorsichtiger sein und sorgen besser vor. Vielleicht sind wir dankbarer für das Geschenk des Lebens, weil wir erfahren haben, wie schnell man es verlieren kann. Doch ich bezweifle es. Der Mensch vergisst schnell. Es lebt sich besser mit der Illusion, der Bär vor der Höhle warte auf jemand anderen und wir könnten ihm entwischen.

«Jetzt müssen wir uns alle solidarisch zeigen»

Im Skicross preschte der Berner Oberländer Ryan Regez (27) an die Weltspitze. Nun steht seine Welt still. Doch daraus schöpft er auch positive Kraft.

Wengen – hoch über dem Lauterbrunnental. Die Sonne scheint mit frühlingshafter Kraft, ein lauer Wind streicht über das Hochplateau. Am Horizont wacht die Jungfrau über die freundliche Szenerie. Auf einem Schild beim Bahnhof steht geschrieben: «Letzte Pistenkontrolle um 17.00 Uhr.» Alles könnte sein wie immer. Doch das Coronavirus hat auch den Berner Kurort fest in seinem Griff. Die Dorfstrasse ist wie leer gefegt, viele Geschäfte schliessen vorzeitig, eine gespenstische Melancholie liegt über dem Ort, auf der Terrasse des Restaurants Eiger sitzen kaum Touristen: «Man sieht nur Menschen, die hier wohnen oder ein Chalet besitzen.»

Ryan Regez nimmt einen Schluck Cappuccino und streicht seiner Freundin Barbara, 21, liebevoll durchs Haar. Der Berner Oberländer bemüht sich trotz der Ausnahmesituation um Optimismus: «Vielleicht hat die ganze Geschichte ja ihre guten Seiten. Die Menschen lernen wieder Demut und Respekt vor der Natur. Die Erde bekommt eine Atempause.»

Es sind schon fast philosophische Gedanken eines jungen Mannes, der im Alltag das Tempogefühl im Schnee auskostet und dabei Haut und Haar riskiert. Regez verdient seinen Lebensunterhalt als Skicrosser: Mit je zwei Siegen und dritten Plätzen sowie dem zweiten Platz in der Weltcup-Gesamtwertung blickt er auf die beste Saison seiner Karriere zurück: «Es ist praktisch alles nach Plan aufgegangen», sagt er. Sein Vater Andy (63), Präsident des legendären Skiclubs Wengen, ein Mann mit dem wilden Bart eines echten Berglers, blinzelt voller Stolz in die Sonne: «Ryan war schon als Kind nicht zu halten. Er gab lieber Vollgas, als zu bremsen – und krachte deswegen nicht selten in eine Schneemauer.» Auch die 18 Monate ältere Tochter Naomi war eine ambitionierte Skirennfahrerin und trainierte oft mit ihrem Bruder. Doch der Sprung in die Spitzenklasse blieb ihr verwehrt.

Die Familie Regez ist ein eingespieltes Team – dazu gehört auch Mutter Clare (59), die mit ihrem modebewussten und distinguierten Auftreten nicht so recht in diese wildromantische Kulisse passen will. Von ungefähr kommt dies nicht. Clare stammt aus dem wintersportfreien England, aus der Nähe von London: «Doch ich bin schon ewig hier und fühle mich als echte Oberländerin.» Als Chaletgirl, einer Art Gouvernante für Ferienwohnungen, war sie einst nach Wengen gekommen – und hatte bei Andy Regez Skiunterricht genommen. Sie lernte mehr als den Stemmbogen. Heute sind die beiden getrennt, wohnen aber noch immer in derselben Strasse. Und sie kümmern sich mit ungebrochener Leidenschaft um ihre Kinder: «Wir waren immer für sie da und das wird sich nie ändern.»

> «Wir lernen wieder Demut und Respekt. Die Erde bekommt eine Atempause.»

Ryan freut sich, wenn er die Worte seiner Eltern hört. Und noch mehr freut sich der Vater, wenn er auf die Erfolge seines Sohnes angesprochen wird: «Ich wäre ja selber gerne ein Rennfahrer geworden, aber leider war ich nicht schnell genug.» Mit umso mehr Engagement unterstützt er nun die Karriere seines Sohnes: «Ich war immer sein Trainer, Servicemann und Chauffeur. Wenn sich die Eltern nicht zu hundert Prozent für ihre Kinder einsetzen, ist eine Karriere im Spitzensport kaum möglich.»

Als Kind strebte Ryan eine Laufbahn im Ski Alpin an. Im Alter von 12 Jahren fuhr er im prestigeträchtigen Migros-Grand-Prix auf den vierten Platz. Daraufhin setzte er sich einen klaren

Ryan Regez

Massstab: «Wenn ich mit 18 Jahren nicht in einem nationalen Kader bin, gebe ich meine Karriere auf.» Regez verpasste das Ziel – und zog die Konsequenzen. Er liess die Ski im Keller und absolvierte eine Lehre als Hochbauzeichner. Für kurze Zeit arbeitete er in diesem Beruf und entwarf die Pläne für das mütterliche Chalet. Doch dann entdeckte er seine Leidenschaft für das Skicross. Sein grosses Vorbild ist heute sein Trainer: Mike Schmid, 2010 in Vancouver sensationeller Olympiasieger. Über ihn sagt Ryan Regez: «Mike ist eine grosse Stütze für mich. Allein seine Geschichte motiviert mich ungemein.»

> «Die Barbetriebe, in denen er arbeitet, haben geschlossen, das Weltcup-Finale wurde gestrichen. Auch die Ferienpläne fallen ins Wasser.»

Regez ist ein Mann mit Charme und grosser Ausstrahlung. Er ernährt sich vegan und hat seit sechs Jahren keinen Alkohol getrunken: «Weil es für mich passt und ich mich sehr gut fühle.» Dass er sich dafür erklären muss, findet er speziell. Seine Mutter beschreibt ihn mit liebevollen Worten: «Er hat das Auftreten eines echten englischen Gentleman.» Branchenübergreifende Bekanntheit erlangte Ryan allerdings durch Nacktbilder auf Instagram. Dies sei kein Kalkül gewesen, sondern habe sich nach einem regulären Shooting so ergeben. Auf diesem sozialen Netzwerk begegnete er auch seiner Freundin Barbara das erste Mal. Die gebürtige Tschechin, die in Bern Psychologie studiert, betont aber lächelnd: «Wir lernten uns schon vor den Nacktfotos kennen.» Eigentlich wäre in diesem Artikel eine Bildstrecke mit viel Haut vorgesehen gewesen. Doch angesichts der aktuellen Lage verzichtete Ryan darauf: «Solche Fotos wären momentan deplatziert.»

Ryan Regez erfährt derzeit am eigenen Leib, was das heimtückische Coronavirus anrichtet. Die Barbetriebe (Hangover und Metro) in Interlaken, in denen er im Sommer normalerweise arbeitet, haben bis auf Weiteres geschlossen, das Weltcup-Finale im Skicross in Veysonnaz wurde ersatzlos gestrichen, viele seiner Freunde, die vom Tourismus leben, stehen vor dem Nichts. Auch seine Ferienpläne fallen ins Wasser. Mit Freunden wäre er nach Hawaii gereist – und dann mit der transsibirischen Eisenbahn zurück nach Europa. Stattdessen verbringt er die Tage nun mit seinen Liebsten im Berner Oberland und will seine Verantwortung im sozialen Bereich wahrnehmen: «Jetzt müssen wir alle zueinander schauen und uns solidarisch zeigen.» Es sind Werte, die im Sport entscheiden können – aber im Spiel des Lebens noch viel wichtiger sind.

«Entscheidend ist die Frage, was die Krise mit den Menschen macht»

Sie ist eine der wenigen Frauen an der Spitze eines Grossunternehmens. Mit Weitsicht und Charme steuert sie die Schweizerischen Bundesbahnen durch die schwierigste Phase seit dem Zweiten Weltkrieg. Monika Ribar (60) nutzt den Stillstand aber auch für einen Blick in die Natur.

Frau Ribar, wie gehen Sie mit der Coronakrise um?

Persönlich komme ich mir vor wie eine gestrandete Weltenbummlerin. Normalerweise reise ich viel – beruflich und privat. Wir besitzen ein Haus in Südfrankreich, in dem wir viel Zeit verbringen. Doch jetzt sitzen wir hier fest. Wann ich das letzte Mal so lange ununterbrochen zu Hause war, weiss ich gar nicht mehr.

Was vermissen Sie am meisten?

Den persönlichen Kontakt zu den Mitmenschen. Doch letztlich ist dies im Vergleich zu den wahren Tragödien dieser Pandemie vernachlässigbar. Meine Schwägerin beispielsweise hat einen Bruder durch Corona verloren. Diese Erfahrung erschüttert mich tief. Und was mit der Wirtschaft geschieht, wird uns noch lange beschäftigen. Wir sehen uns mit einem gigantischen Schaden konfrontiert. Dass der Ölpreis ins Minus gefallen ist, ist schier unvorstellbar. Diese Entwicklungen beunruhigen mich sehr. Sie werfen uns weit zurück, vor allem wirtschaftlich. Viele Menschen träumen immer von einer Zeitreise – aber in diese Richtung wollten wir garantiert nicht gehen.

Waren die SBB auf diesen Schadensfall vorbereitet?

Ja, so gut das geht für eine Krise wie diese. Fast jedes grössere Unternehmen

Monika Ribar

besitzt Notfallpläne für Pandemien. Niemand hat allerdings mit so etwas gerechnet. Mit SARS oder der Vogelgrippe lässt sich die Coronakrise längst nicht mehr vergleichen. Damals waren wir in der Schweiz viel weniger betroffen. Nun aber sehen wir uns faktisch in unserer Lebensform bedroht. Unsere Gesellschaft basiert in mannigfaltigen Bereichen darauf, dass viele Menschen zusammenkommen. Doch dies ist bis auf Weiteres nicht mehr möglich. In gewissem Sinne erinnert mich die heutige Phase an meine Studienzeiten in den 1970er- und 1980er-Jahren. Damals veröffentlichte der Club of Rome den viel beachteten Bericht «Die Grenzen des Wachstums». Dieses Thema ist heute wieder hochaktuell – wie schon nach der Finanzkrise vor zwölf Jahren. Der Unterschied zu damals allerdings ist: Die Finanzkrise war vom Menschen selbst verschuldet – und demnach auch korrigierbar. Nun jedoch liegt das Schicksal nur noch bedingt in unseren Händen.

Wo sind die SBB am stärksten betroffen?

Wir haben unser Angebot um 25 Prozent zurückgefahren und zählen 80 Prozent weniger Reisende. Das tut finanziell weh. Durch die Einstellung des internationalen Personenverkehrs fehlen uns auch jene Verbindungen, die üblicherweise Teil unseres Fahrplans sind: etwa der ICE der Deutschen Bahn oder der TGV aus Frankreich. Das grenzenlose Europa gibt es momentan nicht mehr. Grundsätzlich sind die grenznahen Kantone und Orte am stärksten betroffen – weil die Grenzgänger beispielsweise in Genf, Basel oder im Tessin nicht mehr frei zirkulieren können. Und diese Arbeitnehmer sind für viele Betriebe von grosser Bedeutung.

Was war – neben dem Fahrplanwechsel – die grösste Umstellung der SBB?

Ein Drittel der SBB-Mitarbeiter – 12'000 – arbeiten im Homeoffice-Modus. Wenn man durch unseren Hauptsitz in Bern geht, sind die Gänge leer und die Büros wie ausgestorben. Das ist ein merkwürdiges Gefühl. Für eine gewisse Zeit lässt sich der Betrieb so ganz sicher auf hohem Niveau aufrechterhalten. Ich mache aber auch die Erfahrung, dass der menschliche und kreative Austausch unter dem Personal fehlt, dass die Effizienz trotz der Digitalisierung verloren geht: das kurze Gespräch im Gang, die Pause vor der Kaffeemaschine. Oft sind es solche Momente, in denen neue Ideen entstehen. Die digitale Kaffeepause kann da nicht mithalten.

Welche kurzfristigen Anpassungen werden auch in der Zeit nach der Krise weitergeführt?

Es ist gut möglich, dass Generalversammlungen mit Hunderten oder sogar Tausenden von Besuchern nicht mehr in dieser Form stattfinden werden. Diesen Weg wollten viele Unternehmen schon lange gehen, denn oft waren die grössten Investoren physisch ohnehin nicht vor Ort. Bei den SBB erlebten wir in diesem Jahr wohl die kürzeste GV der Geschichte: Es waren nur vier Personen anwesend. Weil unser einziger Aktionär der Bund ist, sind es sonst aber auch nicht viel mehr.

> «Gut möglich, dass Generalversammlungen mit Hunderten oder sogar Tausenden von Besuchern nicht mehr in dieser Form stattfinden werden.»

Zurück zum Tagegeschäft: Welche Gefühle kommen in Ihnen hoch, wenn Sie verlassene Bahnhofshallen und menschenleere Perrons sehen?

Da tut mir innerlich extrem weh – schliesslich haben wir einen Transportauftrag zu erfüllen. Im vergangenen Jahr beförderten wir täglich 1,3 Millionen Passagiere. Aber wenn es keine Passagiere mehr gibt, können wir sie nicht mehr transportieren – dabei wollen unsere Mitarbeiter den Menschen eine Dienstleistung bieten. Das ganze kommt mir wie eine «Geistersituation» vor. Ich fahre regelmässig im Führerstand von Zügen mit, um die Lokführer bei ihrer Arbeit zu begleiten und den Puls der Mitarbeiter zu fühlen. Das letzte Mal tat ich dies auf einer Zürcher S-Bahn-Linie kurz vor dem Lockdown. Es ist immer beeindruckend, wenn man in einen Bahnhof einfährt und von Hunderten von Menschen erwartet wird. Der Lokführer sagte mir: «Siehst du, wie sich die Passagiere auf uns freuen? Denn wir bringen sie nach Hause.» Wenn man momentan in einen Bahnhof einfährt, warten da anstatt hundert Personen nur noch drei. Das macht mich traurig.

Können Sie die Massnahmen der Behörden nachvollziehen?

Es war zweifellos richtig, das öffentliche Leben einzuschränken – und damit auch den öffentlichen Verkehr. Als Bundesrätin Simonetta Sommaruga allerdings die Menschen aufforderte, den ÖV nicht mehr zu benutzen, tat das schon weh, mir und sicher auch ihr. Doch nochmals: Wenn man verhindern will, dass viele Menschen zusammenkommen, ist dies der richtige Schritt.

Grundsätzlich geht es uns in der Schweiz auch während der Krise sehr gut…

… definitiv. Die Versorgung klappt, die Lieferketten funktionieren, am Morgen liegt die Zeitung im Briefkasten. Das macht die ganze Situation auch etwas surreal. Meine Mutter war eine Sudetendeutsche. Als sie nach dem Zweiten Weltkrieg ihre Heimat verlassen musste und nach Deutschland kam, fand sie sich in einem zerstörten Land wieder. Nimmt man solche Schicksale als Beispiel, befinden wir uns in der Schweiz sogar jetzt auf einer Insel der Glückseligkeit. Aber wir kämpfen gegen einen gefährlichen Feind – einen unsichtbaren Feind.

«Erst wenn ein Impfstoff gefunden ist, kann sich das Berufs- und Freizeitleben der Menschen wieder normalisieren.»

Wie wird sich die Krise längerfristig auf den Bahnbetrieb auswirken?

Die entscheidende Frage ist: Finden wir einen Impfstoff? Und wann finden wir ihn. Erst wenn ein Impfstoff gefunden ist, kann sich das Leben und damit auch das Berufs- und Freizeitleben der Menschen wieder normalisieren. Wichtig für die SBB ist, dass wir den Warenverkehr aufrechterhalten. Und die internationale Vernetzung bleibt ebenso bestehen. Dann wird auch der Personenverkehr wieder schnell ins Rollen kommen.

Könnte sich das Reiseverhalten der Menschen nachhaltig ändern?

Vermutlich. Wir werden uns künftig wohl eher nicht die Frage stellen, jette ich nun fürs Wochenende schnell nach Barcelona, gehe ich nach Mailand zum Shopping? Allerdings sind diese Entwicklungen schwer abzuschätzen. Es ist gut möglich, dass die Schweizer in Zukunft vermehrt ihre Ferien in der Schweiz verbringen. Gleichzeitig ist auch damit zu rechnen, dass die Billig-Airlines die Kundschaft mit Tiefstpreisen zurückgewinnen wollen. Ich denke allerdings schon, dass die Fliegerei zurückgehen wird. Da liegt die Chance für die Bahn: Internationale Verbindungen im Allgemeinen und Nachtzüge im Speziellen dürften wieder wichtiger werden. Darauf werden wir uns vorbereiten. Entscheidend ist jedoch die Frage: Was hat die Krise mit den Menschen gemacht? Sind sie bereit, ihr Verhalten ernsthaft zu hinterfragen – oder ist alles nur eine Momentaufnahme? Gerade durch die Medien wird uns vor Augen geführt, wie schnelllebig die Welt ist: Vor Kurzem war die schwedische Klimaaktivistin Greta noch das zentrale Thema. Heute spricht fast niemand mehr von ihr.

Zugkompositionen wurden zuletzt auch als Virenherde wahrgenommen. Was werden Sie machen, um die Menschen zurückzuholen?

Wir setzen alles daran, unseren Passagieren das Vertrauen zurückzugeben. Wir werden ganz sicher die Züge noch regelmässiger reinigen und desinfizieren und wohl das Tragen von Gesichtsmasken empfehlen. Und wir wollen die Menschen bestärken: Durch eine kurze Berührung kann sich niemand anstecken. Wichtig ist, dass der Sicherheitsabstand so gut wie möglich eingehalten wird. So können wir alle dazu beitragen, dass die Verhältnismässigkeit gewahrt und Panik verhindert wird: Wenn ich höre, dass ein Mann den Bus verlassen musste, nur weil er ein wenig hüstelte, gibt mir dies sehr zu denken.

Auf was freuen Sie sich am meisten, wenn das Leben wieder normal wird?

Auf die zwischenmenschlichen Kontakte. Ich bin so oft unterwegs, weil ich die Begegnungen mit den Menschen und das Erleben in der Natur schätze. Wenn ich jetzt aus meinem Homeoffice ins Grüne schaue, beobachte ich kleine Dinge, die ich früher nicht sah: einen zwitschernden Vogel, einen Ast, der sich im Wind bewegt, eine Blume, die sich nach der Sonne richtet. Ich hoffe, dass wir solche Dinge mitnehmen – und dass wir das intensive Naturerlebnis weiter auskosten. Normalerweise spielen mein Mann und ich Golf. Weil dies nun nicht mehr möglich war, spazierten wir zweimal um den Golfplatz – und entdeckten ihn aus einer neuen Perspektive. Und es gibt noch einen weiteren positiven Nebeneffekt der momentanen Situation: Ich habe schon lange nicht mehr so wenig Geld ausgegeben.

«In einer Krise sollte die Chefin vor Ort sein»

Hart, aber herzlich. Die Zürcherin Natalie Rickli (43) ist die eiserne Lady der Schweizer Politik. Zwischen 2007 und 2019 gehörte sie als Nationalrätin zu den Wortführerinnen der SVP in Bern. 2019 schaffte sie die Wahl in den Zürcher Regierungsrat. Als Gesundheitsdirektorin befindet sie sich während der Coronakrise im Auge des Sturms.

Natlie Rickli, wie gehen Sie persönlich mit der Krise um?

Als wir in der Gesundheitsdirektion am 23. Januar 2020 erstmals über das neue Coronavirus diskutiert haben, konnte ich mir nicht vorstellen, was noch auf mich und meine Direktion zukommen würde. Erst zehn Monate im Amt, war ich – wie wohl auch sonst niemand – auf eine Pandemie dieses Ausmasses nicht vorbereitet. Anfangs ging es oftmals hektisch, manchmal sogar chaotisch zu und her. Die Situation war sehr dynamisch. Vieles änderte sich täglich, später halbtäglich, manchmal auch stündlich. Ich als «Fakten-Fan» hätte gerne sichere und verlässliche Daten und Informationen zur Verfügung gehabt, was es grösstenteils allerdings nicht gab. Mit diesen Unsicherheiten umzugehen, war eine Herausforderung für mich. Relativ schnell stellten wir unsere Organisation um und fokussierten auf die Bewältigung des Coronavirus. Eine Vielzahl gewohnter politischer Themen, Sitzungen, Anlässe und so weiter gab es nicht mehr. Das Adrenalin hat meinem Team und mir wohl geholfen, die sehr intensive Phase der ersten zwei Monate mit sehr langen Arbeitstagen und Wochenendschichten zu bewältigen. Mir ging es glücklicherweise gut und ich bin immer noch gesund.

Gab es auch Momente der Freude?

Natürlich! Ich bin stolz auf das Zürcher Gesundheitswesen, insbesondere auf die Spitäler. Es ist eindrücklich, was diese geleistet haben und wie gross die Solidarität untereinander war. Auch

Natalie Rickli

die Solidarität der Zürcher Bevölkerung war eindrücklich. Generell habe ich in der Krise viel gelernt. Es war auch schön zu sehen, wie Personen in der Krise über sich hinauswuchsen. Auf der anderen Seite tut es mir sehr leid, mit anzusehen, wie die Bewohnerinnen und Bewohner von Alters- und Pflegeheimen unter der aktuellen Situation leiden. Um sie zu schützen, mussten wir Besuchsverbote aussprechen, und in vielen Heimen mussten sie in ihren Zimmern isoliert werden, weil es viele positive Fälle gab.

Gibt es Homeoffice für Politikerinnen?

Vermutlich gibt es Politikerinnen, die jetzt im Homeoffice sind. Ich bin es nicht – und ich kann es mir auch nicht wirklich vorstellen. In einer Krise sollte die Chefin vor Ort sein.

> «Vermutlich gibt es Politikerinnen, die jetzt im Homeoffice sind. Ich bin es nicht – und ich kann es mir auch nicht wirklich vorstellen.»

Wie überbrücken Sie die leere Zeit während der Ausnahmesituation – falls es denn eine gibt?

Leere Zeit hatte ich noch nie. Mit anderen Worten: Mir war im Leben noch nie langweilig.

Entdeckt man in einer solchen Ausnahmesituation vielleicht sogar Aspekte des Lebens, die zuvor zu kurz gekommen sind?

Eigentlich wurde mir bestätigt, was ich schon vor Corona wusste: In der Politik sind nicht alle Sitzungen und Veranstaltungen nötig. Es ist Zeit, die produktiver genutzt werden könnte. Wenn wir es schaffen, daraus die Lehren zu ziehen und die frei gewordene Zeit für Erholung zu nutzen, wäre das sinnvoll.

Welche positive Kraft kann man aus einem solchen Stillstand nutzen?

Während vielerorts Stillstand herrschte, war und ist in der Gesundheitsdirektion das Gegenteil der Fall. Die positive Kraft ergibt sich aus dem Wissen, dass man mit den Spitälern, Heimen, Ärzten und weiteren Gesundheitsinstitutionen und -akteuren dazu beiträgt, Leben zu retten.

Wie beurteilen Sie den medialen Umgang mit dem Thema?

Mir ist ein Aspekt besonders aufgefallen: Journalisten haben im Homeoffice und weil es fast nur noch ein Thema gibt, viel Zeit, sich in das Thema einzuarbeiten und Fragen zu stellen. Es kam vor, dass wir von der gleichen Zeitung am gleichen Tag von sechs (!) Journalisten Anfragen bekommen haben. Anfangs fokussierte sich das Thema fast nur auf Gesundheitsthemen, nachher kamen Aspekte wie Bildung, Volkswirtschaft, Finanzen oder Verkehr dazu. Insgesamt stelle ich fest, dass die Medien ausgewogen berichten und mithelfen, die Krise zu bewältigen.

Wie beurteilen Sie den politischen Umgang? Die Parteigrenze waren vorübergehend wie weggewischt…

Tatsächlich herrschte am Anfang der Krise grosse Einigkeit. Das hätte ich nie für möglich gehalten. Es ist schön zu wissen, dass man im Ernstfall zusammenhält. Nun sind die Parteien aber wieder «voll da» und das ist auch gut so.

Welche Auswirkungen wird das Virus auf das Gesundheitssystem haben?

Auf der einen Seite wird dieses noch mehr geschätzt werden und man ist wahrscheinlich auch bereit, dafür einen höheren Preis zu zahlen. Auf der anderen Seite wird man auch diskutieren, ob es wirklich alle Behandlungen und Operationen braucht, wenn es während einiger Wochen auch ohne ging. Wir sollten das in einer Jahrhundertkrise Erlebte nicht zum Massstab für unser Handeln machen, trotzdem aber werden wir vieles neu beurteilen müssen. Ich denke da zum Beispiel an die Pandemievorbereitungen und die damit verbundenen Schutzmaterialvorräte, aber auch daran, wie wir die Beschaffung von wichtigen Gütern während einer Krise inskünftig sicherstellen können.

Werden wir in Zukunft besser gerüstet sein?

Auf jeden Fall. Wir werden unsere Lehren aus dieser Krise ziehen und deshalb in der Zukunft besser gerüstet sein. Die Coronapandemie war Anfang 2020 noch völlig undenkbar. Hätte jemand ein Szenario beschrieben, in dem wegen eines Virus die Bevölkerung vom Bund zum «Zuhausebleiben» aufgefordert wird, wäre er wohl auf wenig Verständnis gestossen. Was wir in den letzten Wochen erlebten, war in jeder Beziehung aussergewöhnlich: Viele Unternehmen wurden gezwungen, ihren Betrieb einzustellen oder gewaltig herunterzufahren, Spitäler und Arztpraxen wurden zuerst überrannt und dann selbst in Notfällen nicht mehr aufgesucht, Schulen und Universitäten blieben von einem Tag auf den anderen geschlossen, die Grenzen gingen zu, der Flugverkehr kam weitgehend zum Erliegen. Was also sind die anderen undenkbaren Szenarien, auf die wir uns eventuell vorbereiten müssen? Wir werden nicht darum herumkommen, vieles nochmals neu zu beurteilen.

Was nehmen Sie aus diesen Erlebnissen mit?

Auch wenn es zu früh ist, Bilanz zu ziehen, hat mir das bisher Erlebte gezeigt, dass wir solche herausfordernden Situationen meistern können. Wir konnten vieles – Stand heute, Ende April – gut bewältigen. Das gibt mir das Vertrauen in die Menschen, mit denen ich zusammenarbeite, in das Gesundheitssystem des Kantons Zürich und in die Zürcher Bevölkerung. Und ganz persönlich nehme ich mit, dass es wichtig ist, auch in der Krise die Ruhe zu bewahren.

> *«Am Anfang der Krise herrschte grosse Einigkeit zwischen den Parteien. Das hätte ich nie für möglich gehalten.»*

«Der physische Kontakt wird an Wert gewinnen»

Die zoologischen Gärten sind vom Lockdown ähnlich hart betroffen wie das Gastgewerbe und die Hotellerie. Alex Rübel, der Direktor des Zürcher Zoos, und Kurator Martin Bauert sehen trotzdem auch positive Nebeneffekte – nicht nur für die Enten in der Masoala-Halle.

Eigentlich hätte der Zoo Zürich Grund zur Freude. Mitte März zog Leben in die neue Lewa-Savanne ein: in kolossaler Gestalt der Breitmaulnashörner Tanda, Teshi, Talatini und Rami. Später bekamen die Rhinozerosse Gesellschaft von Antilopen, Zebras und Giraffen. Die langhalsigen Riesen kehren nach 74-jähriger Abwesenheit nach Zürich zurück und werden künftig eine der grössten Attraktionen sein.

Am 9. April hätte die Anlage feierlich eröffnet werden sollen. Doch daraus wurde nichts. Seit Verhängung des nationalen Ausnahmezustands sowie des Veranstaltungsverbots ist auch der grösste Schweizer Tierpark geschlossen. «Das Coronavirus macht uns einen Strich durch die Rechnung», sagt Direktor Alex Rübel. Bei schönem Wetter verzeichnet der Zoo an einem normalen Wochentag 3000 bis 4000 Zuschauer. Am Osterwochenende wären es pro Tag wohl 10'000 bis 12'000 Besucher gewesen, meint Rübel. Der kommerzielle Verlust belaufe sich pro Woche auf rund eine Million Franken.

Auch sonst ist das Leben und Sterben in diesem Frühling auf dem Zürichberg omnipräsent: Die zweite von drei erwarteten Elefantengeburten in diesem Jahr verlief Anfang April tragisch. Das Kalb verlor kurz nach der Geburt sein Leben aus ungeklärter Ursache. Zwei Wochen zuvor war das Koala-Männchen Milo an sogenannten Retroviren gestorben. Damit verbleiben nur noch die Weibchen Maisy und Pippa in der Anlage. Es besteht allerdings Grund zur Hoffnung, dass sich dies wieder ändert: Milo hat

Martin Bauert

sich noch mit den beiden Weibchen gepaart. In einigen Monaten wird sich herausstellen, ob es tatsächlich Koala-Nachwuchs gibt.

> *Der kommerzielle Verlust belaufe sich pro Woche auf rund eine Million Franken.*

Rübel, der studierte Tierarzt, ist von der ganzen Situation emotional stark betroffen. Nach 30 Jahren als Zoo-Chef geht er Ende Juni in Pension. In Verbindung mit dem Ableben der Tiere könnte man die Pandemie schon fast als ein böses Omen wahrnehmen: «Ich hätte mir meine letzten Monate sicher anders vorgestellt.» Gleichzeitig will er die behördlichen Massnahmen jedoch nicht infrage stellen: «Wir sind alle da, um gemeinsam eine Lösung zu finden – und nicht um zu lamentieren.»

Für die Hauptdarsteller im Zoo habe das Fehlen des Publikums aber keine grosse Bedeutung: «Den meisten Tieren ist es eigentlich egal, ob sie von jemandem beobachtet werden oder nicht», so Rübel. Eine Ausnahme seien die Affen: «Ihnen fehlt quasi das Zwölfstunden-Fernsehprogramm hinter der Scheibe.» Umso dankbarer seien sie, wenn sich die Pfleger mit ihnen abgeben. Von den Enten in der Masoala-Halle kann dies nicht unbedingt gesagt werden: «Sie schätzen es, dass sie nun auf den Fusswegen schlafen können.» Kurator Martin Bauert machte bei den Rundgängen noch eine andere Beobachtung:

Alex Rübel

Zoodirektor Alex Rübel trotz Social Distancing in direktem Kontakt mit Gorilla Yourumi: «Ich glaub schon, dass er mich kennt.»

«Die Tiere gewöhnen sich sehr schnell an die neue Situation.» So habe er festgestellt, dass es die Löwen plötzlich als Überraschung empfinden, wenn sich ein Mensch nähert: «Sie gehen in Lauerstellung und entwickeln wieder Jagdinstinkt.» Und die Waldrappen (eine Vogelart) flattern plötzlich wild umher, sobald sie jemanden vor ihrem Gehege wahrnehmen. Für Tiere und Menschen gelte das Gleiche, erklärt Bauert: «Neu ist, was sich von der Normalität abhebt.»

> «Wenn man sieht, wie in den grossen Städten der Smog plötzlich verschwindet oder im Hafen von Cagliari Delfine gesichtet werden, macht dies Freude.»

Grundsätzlich sorgt das Coronavirus in der Tier- und Naturwelt für eine spürbare Entspannung: «Wenn man sieht, wie in den grossen Städten der Smog plötzlich verschwindet oder im Hafen von Cagliari Delfine gesichtet werden, macht dies Freude», so Rübel. Gleichzeitig denkt er aber, dass sich nach Ende der Krise schon bald wieder der frühere Zustand einstellen wird: «Die Menschen vergessen schnell.» Bauert sieht jedoch eine grosse Chance, sollte die chinesische Regierung wirklich den angekündigten Schritt machen und den Handel mit Wildtieren verbieten: «Es scheint klar, dass das Coronavirus auf einem Markt in Wuhan von einer Fledermaus auf einen Menschen übergesprungen ist. Macht China nun ernst und verbietet solche Märkte, wäre das ein grosser Schritt für den Tierschutz.» Bauert spricht von einem «Big safe».

So oder so. Der Tierschutz steht für den Zoo Zürich ganz oben auf der Prioritätenliste – mit Projekten in Kenia, Sumatra, Thailand, Australien, Kolumbien, Madagaskar, in der Antarktis sowie mit der Stiftung Fledermausschutz Schweiz. Diese Engagements werden von der aktuellen Krise nicht direkt beeinträchtigt. Doch Rübel meint: «Viele dieser Länder leben vom Tourismus. Bricht diese Einnahmequelle weg, wird es für viele Menschen schwierig.» Bauert erzählt von der Schnittblumenindustrie in Lewa, die nun auf einen Schlag zum Erliegen gekommen sei: «6000 Menschen haben ihren Job verloren.» Ganz grundsätzlich seien Tierschutzprogramme von einer funktionierenden Wirtschaft abhängig: «Wenn die Wirtschaft schwächelt, werden die Prioritäten kaum auf den Umwelt- und Tierschutz gelegt – und die Gefahr der Wilderei erhöht sich.»

Nicht nur deshalb hofft Rübel, dass die Coronakrise bald zu Ende geht und der zoologische Garten wieder öffnen kann: «Wir sind sicher ein Ort, in dem es verhältnismässig leichtfällt, Abstand zu nehmen und die Sicherheitsvorkehrungen einzuhalten.» In China war der Zoo von Peking eine der ersten Institutionen, die ihren Betrieb wieder aufnehmen durfte: «Ein Zoo ist schliesslich auch ein Ort, in dem sich die Menschen draussen bewegen und frische Luft tanken können.» Die Meldung, dass sich in New York ein Tiger mit dem Virus angesteckt hat, nimmt der Zürcher Zoodirektor ernst. Gleichzeitig sagt er aber: «Bei uns ist die Distanz zwischen Tier und Mensch so gross, dass eine Ansteckung faktisch ausgeschlossen werden kann.»

Bis die Pforten des Zürcher Tierparks wieder öffnen, können die Besucher die Tiere auf einem virtuellen Rundgang via Webcam (www.zoo.ch/de/zoobesuch/webcams) beobachten. Ausserdem bietet der Zoo seinen kleinen Besuchern ein innovatives Ersatzprogramm – quasi den «Zoo at home» («Zoo dihei»). Mit tierischen Bastelanleitungen, Aufgabenblättern, Informationssammlungen und Spielideen leistet der Zoo einen aktiven Beitrag zum Homeschooling und liefert auch den Erwachsenen einen echten Mehrwert. Oder wussten Sie beispielsweise, dass ein Löwe zwanzig Stunden pro Tag schläft (nicht nur während des Lockdowns), eine Spitzmaus das Mehrfache ihres Körpergewichts pro Tag zu sich nimmt oder eine Riesenschildkröte über 200 Jahre alt werden kann?

Grundsätzlich denkt Rübel, dass die aktuelle Lage die Gesellschaft langfristig verändern wird – geschäftlich durchaus auch im Positiven: «Wir machen nun alle ganz neue Erfahrungen und erkennen, dass man mit der Digitalisierung und den neuen Kommunikationsmitteln Entscheidungswege verkürzen und die Effizienz steigern kann.» Der Bedeutung des Zoos könne diese Entwicklung eher noch förderlich sein: «Wenn die virtuelle Welt in unserem Alltag immer mehr Platz einnimmt, gewinnt der physische Kontakt automatisch an Wert. Es ist nie dasselbe, ob man ein Tier im Internet sieht oder in der physischen Realität.» Kurator Bauert hofft auf eine Rückbesinnung der Menschen, hin zu dem, was wirklich wichtig und nötig ist: «Vielleicht kommen wir ja zur Einsicht, dass das Seelenheil nicht in einem Einkaufstrip nach New York oder London liegt.»

So könne die aktuelle Atempause für die Tier- und Pflanzenwelt durchaus auch längerfristig positive Folgen haben – inner- und ausserhalb des Zoos, hoffen Rübel und Bauert unisono. Aber nur, wenn die Menschen nicht zu schnell wieder in den alten Trott verfallen.

> «Es ist nie dasselbe, ob man ein Tier im Internet sieht oder in der physischen Realität.»

Die schönste Meldung der Coronakrise

Die Coronakrise liess in den Medien kaum Platz für andere Themen. Eine Ausnahme machte der Schlittschuh Club Bern. Er stellte mit Florence Schelling (31) als weltweit erster Eishockey-Profiklub eine Frau an die Spitze und verwies das Virus damit zumindest kurzfristig ins Offside.

Die Zürcherin Florence Schelling ist ein Monument des Schweizer Eishockeys: erfolgreich in den USA, in Kanada und Schweden, Medaillengewinnerin an WM und Olympia, vierfache Teilnehmerin an Winterspielen. Wo die smarte Torhüterin aufs Eis tritt, ist ihr die Aufmerksamkeit gewiss. Quasi zum medialen Weltstar schaffte sie es nun allerdings ausgerechnet während der Coronakrise – und zwei Jahre nach ihrem Rücktritt als aktive Sportlerin. Vom Schlittschuh Club Bern, der grossen und erfolgreichen Eishockey-Organisation mit dem seit 19 Jahren höchsten Zuschaueraufkommen in ganz Europa, wurde sie am 8. April zur Sportchefin ernannt. Als erste Frau überhaupt führt sie in der Schweiz sportlich und operativ einen Klub aus einer der grossen Mannschaftssportarten. Die Meldung ging um die Welt – als einige der ganz wenigen Nachrichten, die in diesem Frühling nichts mit Corona, Pandemie oder Krise zu tun haben.

Allein in den ersten zwei Wochen gab die 31-jährige Zürcherin 47 Interviews – darunter Medien aus Deutschland, Schweden und Nordamerika. SCB-Kommunikationschef Christian Dick erlebte während seiner zehn Jahre in seinem Job auch nicht ansatzweise einen solchen Rummel: «Während des NHL-Lockouts 2012 spielte Mark Streit bei uns – er beanspruchte damals medial mehr Aufmerksamkeit als der Rest der Mannschaft. Im Vergleich zum Interesse an Florence war dies aber nur Pipifax.»

Schelling scheint diese Aufmerksamkeit schon fast ein wenig peinlich – auch als Pionierin will sie sich nicht sehen: «Ich bin vielleicht die erste Frau, die einen solchen Job im Männersport macht. Weil ich aber schon mit vier Jahren im Bubeneishockey gespielt habe und auch später oft mit Männern auf dem Eis stand, ist dies für mich nichts Spezielles.» Dass die mediale Aufmerksamkeit umso grösser war, weil sonst in der Sportwelt gerade praktisch nichts passiert, sei keine Überraschung gewesen. Gezielt sei das Datum ihrer Präsentation jedoch nicht erfolgt: «Wir informierten, als mein Vertrag unter Dach und Fach war. Mit PR hatte dies rein gar nichts zu tun.»

> «Die plötzliche Verlangsamung des Lebens war schon fast eine Erleichterung.»

Für Schelling bedeutet der Stellenantritt in Bern in vielerlei Hinsicht ein Neuanfang. Am 2. Februar 2019 hatte sie in Davos einen schlimmen Skiunfall: «Ich schlitterte ganz knapp an der Querschnittslähmung oder sogar am Tod vorbei», sagt sie heute. Sie brach sich damals den sechsten Halswirbel und zog sich eine schwere Gehirnerschütterung zu, wurde mit der Rega ins Spital nach Chur transportiert und notfallmässig operiert. «Von einem Moment auf den anderen wurde ich von 100 auf 0 gebremst.» Drei Monate musste sie danach eine Halskrause tragen und konnte sich nur unter grossen Schmerzen bewegen. Dies habe ihr zunächst grosse Mühe bereitet: «Wenn du plötzlich abgebremst wirst, aber das Leben um dich im selben Tempo weitergeht, ist das hart.» Oft lag sie stundenlang im Zimmer, starrte an die Decke, sinnierte über ihr Leben, stellte einiges infrage. Rückblickend schöpft sie daraus auch positive Energie: «Für solche Gedanken gab es davor praktisch keinen Platz. In der Hektik des Alltags mit Sport, Studium und

Florence Schelling

Beruf hetzte ich von Termin zu Termin, von Spiel zu Spiel.» Während der letzten 14 Monate habe sie aber gelernt, in kleinen Schritten vorwärtszugehen und langsam auf ein Ziel hinzuarbeiten. Für eine Sportlerin, die zuvor die Weltklasse als wichtigsten Orientierungspunkt im Blick hatte, ist dies eine «grosse Herausforderung».

Vor diesem Hintergrund hatte der Beginn der Coronakrise für Florence Schelling auch etwas Gutes: «Es war schon fast eine Erleichterung, dass sich das Leben für alle plötzlich verlangsamte und ich wieder im selben Tempo wie meine Mitmenschen unterwegs war.» Die allgemeine Entschleunigung habe ihr geholfen, sich im Alltag neu zurechtzufinden.

Aber dann kam der SCB – und für Florence Schelling war praktisch über Nacht nichts mehr, wie es vorher gewesen war: «Ich rechnete mit Reaktionen – aber nicht mit so vielen und schon gar nicht mit so positiven.» Auf der SCB-Geschäftsstelle sei nur ein einziges kritisches Mail eingegangen, ergänzt Kommunikationschef Christian Dick: «Ein Herr meldete sich – mit der Befürchtung, dass der Niedergang des SC Bern nun definitiv nicht mehr aufzuhalten sei.» Für einen Klub, der in den vergangenen fünf Jahren drei Titel gewann, eine leicht verzerrte Einschätzung.

Schelling erinnert sich an eine andere Erfahrung an ihrem ersten Arbeitstag. Mit ihrem Amtsantritt sei Corona aus ihrer persönlichen Wahrnehmung etwas verschwunden: «Es war, als hätte das Leben wieder begonnen.» Und doch diktiert das Virus den Alltag der neuen Sportchefin entscheidend. Ihr Büro in der PostFinance-Arena hat Schelling zwar bezogen, aber Teammeetings sind nur via Zoom möglich. Momentan sei sie auch viel mit Einzelgesprächen beschäftigt – und da überlässt sie es den Spielern, ob man via Facetime oder persönlich kommunizieren wolle: «In unserem Stadion haben wir ja glücklicherweise genug Platz, um die räumliche Distanz einzuhalten», sagt sie lachend. Sportlich operieren die Spieler im «Homeoffice-Modus»: «Sie sind zu Hause und halten sich mithilfe von Trainingsplänen fit», sagt Schelling. Während die Mannschaft von ihrem Vorgänger Alex Chatelain praktisch komplett zusammengestellt wurde, ist die Verpflichtung eines neuen Cheftrainers das erste wichtige Traktandum im Job der neuen Chefin. Und auch hier stellt sich die Coronaproblematik. Denn aufgrund der Reiserestriktionen könnte es ein Risiko sein, einen ausländischen Headcoach zu verpflichten: «Solange man nicht weiss, ob und wann die Grenzen wieder geöffnet sind, muss dieser Fakt in die Personalplanung einfliessen.»

Die studierte Betriebswirtin bemüht sich in der momentanen Situation auch um den Blick für das grosse Ganze: «Global betrachtet drohen wir in eine wirtschaftliche Katastrophe zu schlittern.» Auch im engeren Umfeld befürchtet Schelling Schlimmes: «Sehr viele Unternehmen kämpfen momentan ums Überleben. Gerade KMU müssen sich verschulden und werden auch langfristig leiden.» Davon nicht ausgeschlossen ist ihr Arbeitgeber: «Der Lockdown trifft den Spitzensport mit voller Wucht.» Beim SC Bern bedeutete dies den Einnahmeverlust von über 300'000 Franken aus dem letzten Heimspiel der Regular Season gegen Fribourg-Gottéron, das als Geisterspiel (statt vor der ausverkauften Kulisse mit 17'031 Zuschauern) ausgetragen wurde. Mindestens drei weitere, wenn auch deutlich weniger zugkräftige Heimspiele der Relegationsrunde wären hinzugekommen.

> *«Sehr viele Unternehmen kämpfen ums Überleben. Der Lockdown trifft den Spitzensport mit voller Wucht.»*

Grosse Bedeutung hat auch das Erliegen der gesamten Gastronomie mit einem Dutzend Betriebe ausserhalb des Stadions, die gerade in der spielfreien Zeit die Liquidität des Klubs sichern: «Löhne und Fixkosten müssen wir bezahlen, aber Einnahmen haben wir keine», sagt Schelling. Dass der Sport bei der Lockerung der Massnahmen anfänglich mit keinem Wort erwähnt worden ist, liegt für sie auch in den schweizerischen Gepflogenheiten: «Im Gegensatz zu Nordamerika oder Skandinavien hat der Sport bei uns keine politische Lobby.»

Doch beklagen mag sich Florence Schelling nicht. Überhaupt hat sich für sie seit ihrem Skiunfall einiges relativiert. So habe sie ihren persönlichen Lockdown eigentlich schon vor einem Jahr erlebt: «Seither ist mein Blick für die kleinen Dinge geschärft. Ich bin dankbar für jeden Schritt, den ich machen kann und geniesse die kleinen Freuden des Lebens wieder viel mehr – und sei es nur ein Essen oder ein Treffen mit Freunden.» In einer Phase der Entschleunigung werde auch automatisch das Bewusstsein für die Natur verstärkt: «Es ist schon erstaunlich, wie sich manche Ökosysteme durch die Tempodrosselung erholen.» Damit dieser Zustand von Dauer sein kann, müssten sich die Menschen aber langfristig ändern, glaubt sie. Und daran hegt Schelling ihre Zweifel: «Es wird sicher jene geben, die von dieser Situation geprägt werden und ihr Verhalten ändern. Aber es wird auch jene geben, die schnell vergessen und wieder in den früheren Alltagstrott zurückfallen.» Florence Schelling möchte nicht vergessen. An etwas aber will sie festhalten: dass sie nach der Coronakrise ebenso erfolgreich ist, wie sie es davor war.

Christoph Sigrist

«In der Schweiz sind wir privilegiert»

Er war an der Front im Bosnienkrieg, er sah Leid und Elend auf der ganzen Welt und in der Schweiz aus nächster Nähe. Grossmünster-Pfarrer Christoph Sigrist sagt: «Für mich ist die Wahrnehmung der aktuellen Bedrohung oft übertrieben.»

Christoph Sigrist blickt an den beiden Türmen des Grossmünsters hoch: «Sie stehen für das Urvertrauen in Gott – und für die Furchtlosigkeit vor der Innovation.» Der Pfarrer der berühmtesten Zürcher Kirche spricht ruhig und lächelt sanft. Und er trägt eine historische Botschaft vor: «Vor 500 Jahren herrschte in Zürich das wahre Chaos: Pest, Hunger, Krieg. Genau in diesem Moment hat Huldrych Zwingli die Kraft der neuen Kommunikationsmittel erkannt. Mithilfe des soeben erfundenen Buchdrucks überschwemmte er die

Stadt mit Flugblättern und Büchern und lieferte so eine der Grundlagen für die Reformation.» Sigrist nimmt diese geschichtliche Episode als Vergleich zur aktuellen Situation – als unpassenden Vergleich: «Es heisst heute immer wieder, dass wir kriegsähnliche Situationen durchleben. Wer das sagt, hat den Krieg nicht gesehen.»

> «Nach 15 Metern blieb ich an der engsten Stelle der Gletscherpalte stecken. Ich wünsche dieses Stille-Erlebnis nicht mal meinem ärgsten Feind. Wenn man sie aber überlebt, diese Stille, ist sie ein unglaublicher Reichtum.»

Sigrist weiss, wovon er spricht. Er denkt dabei nicht an die zwanzig Jahre als Seelsorger für die Schweizer Armee. Vor 30 Jahren, bei seiner ersten Anstellung als Gemeindepfarrer, organisierte er im Obertoggenburg Hilfstransporte und führte eigenhändig die Güter an die Front des Bosnienkrieges nach Zupanja, Kroatien, und über den Fluss nach Bosnien. Und er blickte vor zwanzig Jahren auf einer Bergtour dem Tod ins Auge – als er im Berninagebiet 15 Meter ungesichert in eine Gletscherspalte stürzte. Dieser Moment habe ihn geprägt, sagt er heute, und erzählt von seiner Nahtoderfahrung: «Ich fiel, förmlich aus dem Leben gestürzt. An der engsten Stelle der Spalte bin ich stecken geblieben. Unter mir war schwarze Tiefe, weit über mir ein kleines Loch, durch das etwas Tageslicht fiel. Da habe ich eine Dreiviertelstunde lang einen Klang von Stille erlebt, den ich weder vorher noch nachher jemals hörte. Ich wünsche dieses Stille-Erlebnis nicht mal meinem ärgsten Feind. Wenn man sie aber überlebt, diese Stille, dann ist sie ein unglaublicher Reichtum. Mich hat sie zurück in den Raum des religiösen Empfindens geführt. Dass ich heute hier mit Ihnen spreche, dass ich überhaupt noch lebe, das ist – Gott sei Dank – reines Glück, oder, wie ich sage: Von Gott mir zugefallen. Dass wir nichts für unsere Existenz können, das war schon die Einsicht der Reformatoren. Und das habe ich am eigenen Leib erlebt.»

Der Zweifel gehöre zum Glauben. In der Spalte habe sich jedoch eine tiefe Gelassenheit breitgemacht: «Über mir sah ich das Einfallsloch, unter mir die Hölle. Das ist wie am Karsamstag: Hinter sich sieht man den Tod, den Karfreitag. Über sich sieht man das Osterlicht, das Leben. Nach zehn Minuten wird es unvorstellbar kalt. Die Stille verursacht keine Angst, keine Wut, sie versetzt einen ausserhalb von sich selber. Und plötzlich geschieht etwas mit einem. Man hat keine Kontrolle mehr.» Steven Hawking hätte dies wohl wissenschaftlich erklärt. Theologisch gesehen sei die Grenze zwischen dem göttlichen Du und dem eigenen Ich auf einmal ganz dünn geworden. Dann sei plötzlich oben der Bergführer aufgetaucht und habe gerufen: «Läbsch no?» Das sei für ihn der Moment der Auferstehung, «Jesus läbt!», gewesen – quasi der Ostersonntag in seiner eigenen Biografie.

> «Die Kirche findet draussen statt – dort, wo es brennt: auf der Gasse, in Spitälern und Gefängnissen, daheim in der Isolation.»

Die persönlichen Erfahrungen lassen Sigrist die Coronakrise relativieren. Er empfinde die Reaktion mancher Menschen in der Schweiz oft als übertrieben: «Im Vergleich zu den meisten anderen Ländern befinden wir uns in einer privilegierten Situation. Unsere Infrastruktur funktioniert. Das Gesundheitssystem hält dem Druck stand.» Für die Institution Kirche sei das Versammlungsverbot aber ein gravierender Einschnitt: «Wir leben von der physischen Nähe und vom persönlichen Kontakt.» Sigrist spricht neudeutsch vom «Face-to-face-Erlebnis» und führt aus: «Die Kirche findet draussen statt – dort, wo es brennt: auf der Gasse, in Spitälern und Gefängnissen, jetzt daheim in der Isolation.» Nicht aus Zufall sei der Schweizerische Evangelische Kirchenbund (ab 2020 Evangelisch-reformierte Kirche Schweiz EKS) in der sozialen und gesellschaftlichen Düsternis nach dem Ersten Weltkrieg 1920 entstanden, das Hilfswerk der Evangelischen Kirchen der Schweiz HEKS/EPER nach dem Zweiten Weltkrieg 1946.

Gleichzeitig ist Sigrist beeindruckt, wie schnell die Kirche die neue Situation adaptiert und quasi auf digitalen Betrieb umgestellt habe. Der bekennende Fussballfan, Mitinitiant und Kapitän des FC Religionen sagt: «Viele Menschen dachten, wir kicken irgendwo in der 3. Liga auf einem Acker. Dabei sind wir in der Champions League.» Als Seelsorger müsse man auf jede Krisensituation vorbereitet sein.

Die Schweizer Kirchen werden diesem Anspruch mit beeindruckender Flexibilität gerecht. In Zürich übertragen die reformierten Altstadtkirchen seit dem Veranstaltungsverbot Gottesdienste und Anlässe im Internet – so auch am Karfreitag dieses Jahres. In der leeren Kirche predigten Pfarrer Gottfried Locher, Präsident der Evangelisch-reformierten Kirche Schweiz, und Christoph Sigrist. Motto: «Schweigen und

Idyllische Einsamkeit: Das Grossmünster wacht über der menschenverlassenen Zürcher Innenstadt.

Staunen.» Der Grossmünster-Pfarrer sieht darin auch den Beweis, dass die Kirche den Schritt in die Moderne geschafft hat: «Die Kirchen sind innovativ und stehen den Menschen auch in Ausnahmesituationen als verlässliche Partnerinnen bei.»

Nach nur zwei Wochen Lockdown waren schon 300 digitale Kirchen eingetragen, täglich wurden es mehr.

Am ersten Aprilsonntag hatte Sigrist zusammen mit Vertretern der drei weiteren Weltreligionen, Dechen Kaning vom tibetischen Kulturverein Songtsen House, Muris Begovic von der Vereinigung der Islamischen Organisationen in Zürich und Noam Hertig, der Gemeinderabbiner der Israelitischen Cultusgemeinde, via Internetstream in der weitgehend leeren Zürcher Bahnhofshalle das Wort an die Gläubigen in der ganzen Schweiz gerichtet. «Das Gebet ist uns wichtig, weil wir dadurch bestärkt werden sollen, als Familien, Gemeinden und Gesellschaft, Leben zu retten durch physische Distanz, aber dennoch miteinander verbunden zu sein», sagte Hertig zu dieser speziellen Aktion. Für Sigrist war der Bahnhof – als sonst meistfrequentierter Ort der Stadt – ein wichtiges Symbol: «Die Stille des öffentlichen Raumes korrespondiert mit der Stille der privaten Stube. Wir leben noch, aber nun zurückgezogen.»

Dem Zürcher Beispiel folgten Kirchen im ganzen Land. Sie alle stellten quasi per Knopfdruck auf digitalen Service um. Auf der Website www.ref.ch wurde eine Plattform geschaffen, auf der die reformierten Kirchen des Landes ihren Internetservice anbieten können. Nach nur zwei Wochen Lockdown waren schon 300 digitale Kirchen eingetragen, täglich wurden es mehr. Noch einmal so viele Schweizer Kirchen präsentieren ihre Gottesdienste auf www.kirchezuhause.com, einer zweiten, kurzfristig lancierten Plattform. Selbst das Kloster Einsiedeln, das zuvor seine Gottesdienste nie im Internet übertragen hatte, reagierte prompt. Eigentlich habe man schon lange Streams einrichten wollen, sagt Abt Urban Federer. Es blieb bei der Absicht – bis der Bundesrat das Versammlungsverbot verhängte. Am selben Tag noch bekam der Mönch, der die klösterliche IT-Abteilung leitet, den Auftrag zur Installierung eines Internet-Streams. Seither ist das Kloster jeden Tag auf Sendung. Von der Laudes um 7.30 Uhr bis zur Komplet um 20 Uhr. Auf Schnickschnack wird verzichtet. Der ruhige Charakter des klösterlichen Gebets soll auch im Internet erhalten bleiben, erklärt der Abt. Doch das Kloster hat immerhin drei Kameras im Einsatz, die verschiedene Einstellungen erlauben.

Sigrist wehrt sich dagegen, dass die Kirche in Ausnahmesituationen für die Menschen wichtiger sei als sonst: «Dies denken vor allem jene, die sonst gegenüber kirchlichen Institutionen indifferent sind. Wir sind immer für die Menschen da und machen auch im Alltag ähnliche Erfahrungen.» Problemfelder wie Leere, Isolation, Überforderung oder häusliche Gewalt gebe es nicht erst seit der Coronakrise: «Die Menschen befinden sich fast ständig im Konfliktbereich zwischen Urvertrauen und Urangst.» Das Gefühl der Geborgenheit sei nun allerdings besonders wichtig. Wenn er die Bilder aus den Spitälern in Bergamo sehe, denke er: «In jeder Ohnmacht schreit Gott mit.» Gleichzeitig halte er nicht viel vom «apokalyptischen Weltbild». Viel lieber orientierte er sich an guten Mächten – wie etwa dem lutherischen Theologen Dietrich Bonhoeffer, der während des Zweiten Weltkriegs mit seinem freiheitlichen Denken die Kirche prägte, sich offen gegen den Nationalsozialismus stellte und am 9. April 1945 im Konzentrationslager Flossenbürg – eine Woche vor Kriegsende und auf ausdrücklichen Befehl von Adolf Hitler – hingerichtet wurde.

Dies sind Erinnerungen an die wohl dunkelsten Zeiten im Europa der Neuzeit. Christoph Sigrist aber blickt nach vorne – und hofft, dass durch die plötzliche Stille auch positive Gefühle vermittelt werden: «Wir erleben momentan viel Gutes miteinander – lernen den Verzicht und die Inspiration neu kennen. Die Menschen finden wieder zueinander.» An dieser Stelle zitiert er Zwingli: «Tut um Gottes willen etwas Tapferes.»

Um diesen Gedanken nachhaltig umzusetzen, müsse aber jede und jeder etwas beitragen – vor allem im Nachgang der Krise: «Ich hoffe, dass die Menschen nicht zu schnell vergessen, dass sie sich auch langfristig daran erinnern, dass Themen wie Klima, Flüchtlinge und Hunger immer präsent sind.» Sigrist hofft, dass das stete Streben nach Überfluss abnimmt: «Es ist nicht das Geld, das giftig ist, sondern die Gier.» Gleichzeitig gibt er sich aber keinen Illusionen hin. Es sei gut möglich, dass das Coronavirus ebenso schnell aus den Köpfen verschwinde, wie es gekommen sei: «Vielleicht sagen wir in ein paar Jahren zueinander: ‹Weisch no - Corona?› Und wir sitzen dabei in einem Flugzeug nach New York über ein freies Wochenende.» Christoph Sigrist spricht diese Worte mit ernster Stimme – und er hofft, dass sie nicht eintreten.

> «Vielleicht sitzen wir in ein paar Jahren in einem Flugzeug und sagen zueinander: ‹Weisch no – Corona?›»

«Wir müssen wieder freier und rebellischer werden»

Publizist und Buchautor Markus Somm (55) wirft einen kritischen Blick auf die vergangenen Monate. Den Medien stellt er kein gutes Zeugnis aus – und den Politkern schon gar nicht. Der studierte Historiker ruft das Volk in die Verantwortung.

Herr Somm. Die Schweiz befindet sich seit Mitte März im Ausnahmezustand. Welches Zeugnis stellen Sie dem Schweizer Krisenmanagement aus?

In einem Jahr werden wir Bilanz ziehen können. Dann sehen wir, ob die Massnahmen gerechtfertigt waren – ob alles, was veranlasst wurde, auch nötig war. Wir erleben derzeit die drastischsten Eingriffe in unserer Demokratie seit der Einführung der Bundesverfassung 1848. Nicht einmal während des Zweiten Weltkriegs wurde das Parlament ausgeschaltet – wie dies nun der Fall war. Noch nie war der Staat so mächtig. Doch am Anfang stand ein gewaltiges Staatsversagen. Weil die Politiker das Epidemie-Gesetz, das ihnen die Macht gibt, nicht richtig umgesetzt haben. So gesehen erleben wir eine Diktatur auf Zeit.

«In einem Jahr werden wir Bilanz ziehen können und sehen, ob die Massnahmen gerechtfertigt waren.»

Wie stufen Sie die Sondermassnahmen ein, die Mitte März kommuniziert wurden und letztlich zum Lockdown führten?

Als man zu Beginn die Sondermassnahmen einführte, die ich für richtig hielt und heute noch verstehe, erklärte der Bundesrat, das sei nötig, um unser Gesundheitssystem zu schützen. Würde die Ansteckungskurve zu steil, brächen die Spitäler zusammen: zu viele Kranke, zu viele Tote. Gern zeigte man nach Italien, wo allerdings ein Gesundheitssystem unter Druck geriet, das seit jeher nur lausig funktionierte. Vermutlich waren die Ängste schon damals übertrieben. Rückblickend muss man auch die Schulschliessung infrage stellen. Fünf Wochen waren als Vorsichtsmassnahme vielleicht okay. Aber dann wäre es dringend nötig gewesen, die Kinder wieder in die Schule zu schicken – weil sie nicht gefährdet sind und unter den fehlenden Strukturen am meisten leiden. Kinder kann man nicht wochenlang an den Computer ketten: ohne frische Luft, ohne Kameraden, ohne Tagesablauf – besonders dann nicht, wenn sogar die Eltern damit Mühe haben. Die Kinder wären gerne schon früher wieder in die Schule gegangen. Das glaubt man nicht, aber es stimmt.

Was erstaunt Sie am meisten?

Die zuvor kaum vorstellbare Gleichförmigkeit des Handelns und der Massnahmen, nicht nur in der Schweiz. Abgesehen von ganz wenigen Ausnahmen, rennen alle in dieselbe Richtung – und

Markus Somm

lassen sich auch von neuen Erkenntnissen nicht umstimmen; oder nur mit Verzögerung. Das betrifft die Politik, aber auch die Medien und die Medizin. Obwohl die anfänglichen Modellrechnungen nie eingetreten sind und faktisch das Ausmass des medizinischen Schadens deutlich kleiner war als angenommen, rückte man zu lange nicht von der Strategie ab. Selbst eine zweite Welle, wie man sie befürchtet oder schon fast herbeiredet, könnte uns kaum etwas anhaben. Es bleibt dabei, so unangenehm es tönen mag: Wir müssen uns alle anstecken oder auf einen Impfstoff hoffen, um das Virus in den Griff zu bekommen.

Ihre Kritik richtet sich an den gesamten Bundesrat…

Lassen Sie es mich so formulieren: Fest besoldete Politiker entscheiden über die Zukunft unseres Landes, als ob es nichts Trivialeres gäbe, als eine Volkswirtschaft um 25 Prozent ihrer Leistung herunterzufahren. Es ist ein Zerstörungswerk im Gange, dessen Ausmass wir noch nicht abschätzen können. Vier bis acht Milliarden, so einige Gutachten, kostet uns der Lockdown – pro Woche. Innerhalb von fünf Wochen haben wir zwanzig Jahre kluges Sparen des Bundes ausgelöscht.

Aber die Öffnung wurde im richtigen Moment beschlossen…

Wer sagt das? Ich empfinde das Handeln des Bundesrates als zu zögerlich. Er kam immer einen Schritt zu spät. Was vielleicht am meisten irritierte, war die Tatsache, dass der Bundesrat kein gutes Argument gab, weshalb er die Massnahmen nicht schon früher lockerte. Wäre es nach Gesundheitsminister Alain Berset gegangen, so war aus Bern zu hören, hätte das Sonderregime noch länger dauern können – ohne jede Lockerung. Statt die Normalisierung unseres Lebens entschlossen voranzutreiben, weil die sozialen, wirtschaftlichen und psychologischen Konsequenzen jeden Tag horrender wurden, zogen es unsere Magistraten vor, ihre Untertanen ganz langsam und vorsichtig in die Freiheit zu entlassen.

Berset agierte auch als besonnener Landesvater – er war der grosse und medienwirksame Kommunikator in der Krise….

Aber faktisch hat er versagt. Berset hat es versäumt, genügend Schutzmasken zu lagern, wie dies das Gesetz vorsah. Vermutlich behauptete er deshalb so lange, dass Masken nichts bringen.

Wie stufen Sie die Medienberichterstattung ein?

Ich hätte mir von den Medien eine kritischere Berichterstattung und mehr Pluralismus erhofft. Als sogar die «Neue Zürcher Zeitung» im März den Begriff des «Corona-Leugners» verwendete, war ich für einen Moment fassungslos. Hier wurde ein direkter Vergleich mit der Leugnung des Holocausts gezogen – und dabei handelt es sich um die widerwärtigste Geschichtsfälschung unserer Zeit. Was mich störte, war auch, dass man die Ausführungen der Mediziner und Fachleute zu wenig differenziert beurteilte und hinterfragte. Auch das wäre die Aufgabe der Medien gewesen. Ärzte und Mediziner sind ähnlich wie Lehrer: Sie sprechen in der Regel vor einem Publikum, das ihnen fachlich unterlegen ist.

> «Journalisten verhalten sich gelegentlich fast bizarr: Obwohl sie sich in der Privatwirtschaft bewegen und von ihr leben, schreiben sie gegen die Wirtschaft.»

Doch die Rolle der Medien ist auch undankbar. Einerseits erreichen die Leser- und Zuschauerwerte neue Höchststände, andererseits bricht der Werbe- und Inseratenmarkt ein. Was bleibt am Schluss übrig?

Die Konsolidierung dürfte sich weiter beschleunigen. Aber daran sind die Journalisten auch selber schuld. Sie verhalten sich gelegentlich schon fast bizarr und flüchten in eine Art Selbstbetrug: Obwohl sie sich in der Privatwirtschaft bewegen und von ihr leben, schreiben sie gegen die Wirtschaft. Sie stürzen sich in den Mainstream des Sensationalismus und erschrecken dann, wenn sie auf Kurzarbeit gesetzt werden. Die meisten Journalisten könnten heute auch Beamte sein. Sie entziehen sich noch so gerne den Risiken und Chancen des Marktes.

Was denken Sie, wenn von kriegsähnlichen Zuständen die Rede ist?

Das ist lächerlich. Es wurde auf allen Ebenen überreagiert. Dabei ist die Ursache der Pandemie relativ einfach: China hat uns belogen und betrogen. Aber wenn ich sehe, wie verweichlicht wir darauf reagieren, gibt mir das zu denken. Unsere Politiker gingen wie auf Kommando in Deckung und waren nicht bereit, ein Risiko auf sich zu nehmen. Manchmal habe ich das Gefühl, wir leiden nicht an einem Virus, sondern an einer Massenpsychose. Wie man die Sache auch hätte angehen können, zeigt sich in Schweden.

Zurück zu den Medien. Qualitätstitel haben an Wert gewonnen. Beispielsweise erreichte in Deutschland «Die Süddeutsche Zeitung» bereits im März den Abonnementverkauf, den sie für das gesamte Jahr budgetiert hatte.

Eine alte Marke ist sicher von Vorteil. Sie steht für Glaubwürdigkeit. Das wird einem klar, wenn man mit den vielen Fake news in den sozialen Medien konfrontiert ist. In der Schweiz wäre dafür die «NZZ» das Paradebeispiel. Sie bietet die beste und die zuverlässigste Plattform und gehörte im digitalen Bereich zu den grössten Gewinnern. Während der Coronakrise verzeichnete sie ein Wachstum von 61 Prozent auf 8,7 Millionen Unique Clients und liess sogar die Marktführer «20 Minuten» (7,3 Millionen) und «Blick» (6,9 Millionen) hinter sich. Doch das ändert am Hauptproblem nichts: Auch die «NZZ» trägt einen zu grossen Kostenblock mit sich – und wird darauf reagieren müssen. Ich denke, dass die Zeit der grossen Redaktionen vorbei ist.

> *«Die Rückbesinnung wird nicht nachhaltig sein. Ich glaube nicht, dass sich an unserem Reise- und Freizeitverhalten etwas ändern wird.»*

Sie rechnen mit einer Entlassungswelle?

Wie gesagt, wird sich der Bereinigungsprozess akzentuieren. Ich hoffe, dass die Medien ihre Kosten senken können. Auf diesem Weg liefern sie nun ausgerechnet während der Krise selber Anschauungsunterricht: Sie beweisen, dass sie auch mit weniger Leuten und schlankeren Abläufen sehr gut funktionieren.

Sehen Sie gar nichts Positives an der ganzen Geschichte? Viele Menschen bezeichnen die Phase der Rückbesinnung als überfällig und die Entschleunigung als wohltuend.

Aber das wird nicht nachhaltig sein. Geht man in eine Alphütte und hütet Kühe, mag das in den ersten drei Wochen eine schöne Abwechslung sein. Doch nach drei Monaten möchte man die Hütte in die Luft sprengen. Ich glaube nicht, dass sich an unserem Reise- und Freizeitverhalten etwas ändern wird. Und auch die Globalisierung lässt sich nicht rückgängig machen – zum Glück. Wohl werden wir China gegenüber künftig misstrauischer sein. Und die Leute werden möglicherweise etwas konservativer handeln. Wenn ich daran denke, dass die Einführung von Transgender-Toiletten vor nicht allzu langer Zeit in den USA noch ein grosses Thema war, haben sich die Prioritäten doch deutlich verschoben.

Was wünschen Sie sich persönlich für die Zeit nach der Krise?

Dass wir wieder freier, wilder und rebellischer werden. Es kommt mir vor, als wären wir eine Nation von Musterschülern geworden, die in stillem Gehorsam in die gleiche Richtung geht. Ich wünsche mir etwas mehr gut schweizerische Aufmüpfigkeit.

«Jetzt müssen wir alle zusammenstehen»

Die Schweizer Fussball-Nationalmannschaft geht gegen das Coronavirus musikalisch in die Offensive – mit ein paar schrägen Tönen, aber viel gutem Willen. Team-Captain Stephan Lichtsteiner, 36, und Bandleader Yann Sommer, 31, erzählen die Story dahinter.

Yann Sommer, Stephan Lichtsteiner, zusammen mit Ihren Kollegen von der Nationalmannschaft greifen Sie das Coronavirus mit musikalischer Power an. Wer hatte die Idee dafür?

YS: Wir sind ja jetzt alle zu Hause und haben mehr Zeit als sonst, darum haben wir uns überlegt, wie wir die Botschaft der Solidarität am besten vermitteln können. Zudem war es uns wichtig, gemeinsam ein Spendenprojekt zu starten, das sofort umgesetzt werden kann – und dass Geld dorthin fliesst, wo es am meisten gebraucht wird. Mit all unseren Social-Media-Accounts und der Anzahl von Followern profitieren wir von einer grossen Aufmerksamkeit. Das verpflichtet! Uns schien die Idee mit dem Song eine gute Möglichkeit zu sein, der Schweiz als Fussball-Nationalteam Mut zu machen und aufzurütteln, dass wir jetzt alle zusammenhalten müssen und es nur gemeinsam schaffen können. Das Feedback war durchwegs positiv und wir glauben, dass es uns gelungen ist, einigen Menschen etwas Hoffnung zu vermitteln oder sie einfach nur zum Schmunzeln zu bringen in diesen schwierigen Zeiten.

SL: Yann sagt da nicht die ganze Wahrheit. Er war es, der die Idee im Gruppenchat aufgeworfen hat. Das Team war sofort begeistert, auf diese Art und Weise ein Zeichen setzen zu können.

Der Erlös geht an den Schweizerischen Pflegefachverband. Welches Zeichen wollen Sie damit setzen?

YS: Wir haben uns Gedanken darüber gemacht, was momentan sinnvoll ist und wollten mit der Wahl des Berufsverbandes der Pflegefachpersonen unsere Wertschätzung gegenüber jenen Menschen öffentlich ausdrücken, die momentan an der Front unter diesen erschwerten Umständen Unglaubliches

Stephan Lichtsteiner

leisten und dabei oft auch ihr Leben riskieren. Das verdient grösste Hochachtung, und darum haben wir direkt mit dem Verband Kontakt aufgenommen, respektive einfach gefragt, wie wir helfen können. Unsere Spende wird nun für dringend benötigtes Schutzmaterial eingesetzt: zum Beispiel für Masken, Desinfektionsmittel oder Handschuhe.

SL: Ich kann mich dem nur anschliessen. Die Pflegerinnen und Pfleger stehen aktuell praktisch 24 Stunden am Tag im Einsatz. Sie sind die wahren Helden dieser Zeit. Mit der Spende können wir ihnen das Material liefern, um diesen riesigen Kampf zu gewinnen.

Yann Sommer, Sie machen auch als Frontsänger eine gute Figur. Woher haben Sie das musikalische Talent?

YS: Ah, sehen Sie das so? Danke für das Kompliment. Ich befasse mich schon seit einigen Jahren mit Musik: Singen und Gitarrenspielen sind ein kreatives Hobby für mich. Als Ausgleich zum Fussball nehme ich zum Beispiel Gesangsstunden. Das macht mir viel Spass.

Stephan Lichtsteiner, hat Ihnen auch schon jemand gesagt, dass Sie eine Stimme wie Johnny Cash haben?

SL: Nein, leider nicht. Zu Hause werde ich mit Gegenständen beworfen, wenn ich zu singen beginne (lacht). Deshalb singe ich eigentlich nur die Nationalhymne vor den Länderspielen und bei Titelgewinnen.

Was sagen Sie zum Auftritt von Yann Sommer?

SL: Zwölf Punkte, douze points, twelve points, dodici punti! Yann ist nicht nur im Tor die Nummer 1 unserer Mannschaft.

Yann Sommer, wie beurteilen Sie die musikalische Leistung von Stephan Lichtsteiner?

YS: (lacht) Als Sänger agiert er wie als Fussballer – er gibt immer 100 Prozent und stellt sich kompromisslos in den Dienst der Mannschaft.

Das Lied «Imagine» stammt aus der Feder von John Lennon. Wer übernahm bei Eurer Interpretation die künstlerische Leitung?

YS: Jeder für sich, denke ich, es wurde alles spontan umgesetzt und sollte authentisch rüberkommen. Ich glaube, dies ist uns auch gut gelungen, oder? (lacht)

Und wer koordinierte die Aktion?

YS: Wir sind innerhalb der Nationalmannschaft über einen WhatsApp-Gruppenchat verbunden und konnten das Ganze zusammen innert 24 Stunden aufgleisen. Es war wirklich bemerkenswert, wie schnell alle mitgeholfen und mitgewirkt haben.

> «Wir wollen ja nicht am Eurovision Song Contest für Furore sorgen, sondern an der Euro – Verschiebung hin oder her.»

Für ein paar Singstunden reichte die Zeit aber nicht bei allen…

YS: Da gebe ich Ihnen recht, aber gerade deshalb ist die Aktion wohl umso sympathischer. Ganz ehrlich: Sinn und Zweck dieser Aktion war ja nicht, unser Gesangstalent unter Beweis zu stellen. Dass sich einige der Jungs ausserhalb ihrer Komfortzone bewegt haben, verdient meiner Meinung nach grossen Respekt.

SL: Wir wollen ja nicht am Eurovision Song Contest für Furore sorgen, sondern an der Euro – Verschiebung hin oder her. Hauptsache, unsere Spieler können gut Fussball spielen und verhelfen der Schweiz regelmässig zu Siegen…

Stephan Lichtsteiner, sind Sie 2021 noch dabei – an der Euro, nicht am ESC…

SL: Diese Frage kann ich zum jetzigen Zeitpunkt nicht beantworten.

Wie schwierig war es, Trainer Petkovic zum Singen zu bewegen?

YS: Es war überhaupt nicht schwierig, er war sofort dabei und ging mit gutem Beispiel voran. Wir sind ein Team, auch ausserhalb des Fussballplatzes.

SL: Das kann ich nur bestätigen.

Bei Xherdan Shaqiri ist aber nicht unbedingt zu spüren, dass er in der «Beatles-Stadt» Liverpool lebt....

YS: Echt? Also ich fand seinen Einsatz Weltklasse, mit viel Leidenschaft und Improvisationskunst. Mir hat sein Auftritt gut gefallen!

> *«Jetzt gibt es Wichtigeres – Fussball wird auch später wieder mein Leben bereichern.»*

Bei Kevin Mbabu summt auch die Katze mit. Hatten Sie ebenfalls Support?

YS: Ja, das mit der Katze war witzig, vor allem, weil Kevins Textteil «I am not the only one» hiess. Ich war ja zu Hause mit meiner Frau und Tochter. Sie haben mich dabei unterstützt, mich während dieser Zeit voll und ganz dem Projekt widmen zu können.

Darf man die Aktion auch als Vorbereitung auf die nächsten Länderspiele verstehen? Singen künftig alle die Hymne?

SL: ...das Video könnte eher eine schlüssige Erklärung dafür sein, weshalb bei der Nationalhymne nicht immer alle aus voller Kehle mitsingen...(lacht)

Wurden Sie in Deutschland schon auf Ihren musikalischen Auftritt angesprochen?

YS: Klar, von meinen Mannschaftskollegen, aber auch im Bekanntenkreis oder von den Medien. Es freut mich, dass die Botschaft viral so viele Menschen über die Landesgrenze der Schweiz hinaus erreicht hat.

Wollen Sie damit auch Ihre Kollegen in der Bundesliga aus den Reserven locken?

SL: Musikalisch kaum, aber selbstverständlich würde ich jede Teamaktion mit denselben Zielen unterstützen.

Wie lebt es sich eigentlich in dieser Fussballhochburg ohne Fussball?

YS: Anders, die Werte und Emotionen haben sich zu Recht verlagert. Klar ist es jetzt sportlich eine leere Phase, aber in dieser Situation gibt es Wichtigeres, und Fussball wird auch später wieder mein Leben bereichern.

Was machen Sie den ganzen Tag?

YS: Wahrscheinlich das, was alle anderen auch machen: intensiver Zeit mit

Yann Sommer

meiner Frau und unserer Tochter verbringen oder mit meinen Eltern und Freunden facetimen, mich fit halten, Musik machen, viel lesen, kochen oder mich auch um meine geschäftlichen Verpflichtungen kümmern – so gut dies halt unter der aktuellen Situation geht.

Was können Sie als Spitzensportler sonst zur «Krisenbewältigung» beitragen?

SL: Genau dasselbe wie jeder andere. Konsequent die Richtlinien befolgen: Die Hände richtige waschen, zwei Meter Abstand wahren und möglichst zu Hause bleiben.

Was wünschen Sie sich, Ihrer Familie und Ihrem Umfeld persönlich in der momentan so schwierigen Situation?

YS: Vor allem, dass wir gesund bleiben, aber auch, dass wir die Hoffnung nicht aufgeben, dass sich wieder alles normalisieren wird und wir nach überstandener Krise noch bewusster zum Alltag zurückkehren können, auch wenn vieles nicht mehr so sein wird wie vorher.

SL: Dasselbe wie allen anderen Menschen auch: Beste Gesundheit und viel Kraft und Zuversicht.

«Die Krankenkassenprämien dürfen nicht steigen»

Die Krise als Chance zur Rückbesinnung. Sport- und Hausarzt Bernhard Sorg sieht in der Pandemie auch eine Trendwende zum Guten. Und er nimmt die Krankenkassen in die Verantwortung.

Die Zürcher Vorortsgemeinde Wallisellen hat mit New York, Paris und London durch die Coronakrise eines gemein: Alle Restaurants und die meisten Geschäfte sind geschlossen und die Sportanlagen verbarrikadiert. Der Bahnhof – sonst der meistfrequentierte Platz des 15'000-Einwohner-Orts – wirkt so ausgestorben wie derzeit der Times Square oder der Piccadilly Circus. Auch die Gemeinschaftspraxis von Bernhard Sorg an der Zentralstrasse erlebte schon hektischere Tage. So absurd es auch anmutet: Die Angst vor Corona hält die Menschen vom Arztbesuch fern. Dementsprechend kritisch fällt Sorgs Lagebeurteilung aus:

«Obwohl ich altersmässig zur Risikogruppe gehöre, stört es mich in dieser Zeit vor allem, dass ich alle geplanten Ferien und Ausflüge um ein Jahr verschieben muss. Ich lerne, wie die Tage sein werden, wenn ich dereinst meine Vierzigprozent-Tätigkeit beende und ein richtiger Rentner bin. Das hat auch positive Auswirkungen: Mein Velo beispielsweise ist wieder fahrtüchtig, meine Partnerin realisiert, dass ich ein guter Küchenbursche und Hilfskoch sein kann, Kontakte zu Freunden von früher können telefonisch aufgefrischt werden und verstaubte Bücher werden plötzlich zur Lektüre auf dem Balkon.

In unserer Praxis haben wir aussergewöhnlich viele freie Termine. Die Pandemie reduziert die Arztbesuche. Die Leute möchten sich nicht einem Ansteckungsrisiko aussetzen. Das macht deutlich, wie viele Konsultationen im Laufe eines Jahres gar nicht nötig wären. Jedenfalls dürfte es Ende 2020 auf keinen Fall zu einer Erhöhung der Krankenkassenprämien kommen, denn viele Operationen sind ausgesetzt worden – der Betrieb in Spitälern und Arztpraxen verläuft quasi im Lockdown-Modus. Dazu kommt: Auf den Notfallstationen gibt es keine Prügelopfer und keine Alkoholleichen. Frische Sportverletzungen sehe ich praktisch keine mehr. Vielleicht merken wir jetzt, dass unser Gesundheitssystem kein Selbstbedienungsladen sein darf. Andererseits erkennen wir, dass trotz enormer medizinischer Fortschritte ewiges Leben nicht garantiert ist. Die Natur ist letztlich immer stärker als Mensch und Wissenschaft.

Wie die meisten Menschen schaute ich in diesen Tagen wohl mehr Fernsehen und hörte wieder regelmässiger Radio als im Normalfall. Den Medien muss man vorwerfen, dass sie fast ausschliesslich negative Push-Meldungen verbreiteten, mehrmals täglich neue Zahlen publizierten, Einzelfälle hochspielten und praktisch keine ‹Good News› kommunizierten – dass sie unreflektiert und unverhältnismässig informierten. Manchmal hatte ich das Gefühl, über Corona wurde berichtet wie über ein Fussball-WM-Finale: Bei jedem Infizierten ertönte ein ‹Goal-Alarm›. Positive Neuigkeiten, die etwas Hoffnung hätten verbreiten können, fehlten fast gänzlich, auch vonseiten des Bundes. Das störte mich gewaltig.

«Der Begriff ‹Social Distancing› stellt ein grosses Missverständnis dar. Er sollte heissen ‹Physical Distancing›.»

Da blickte ich mit Erstaunen und etwas Neid nach Österreich. Dort agierte der jugendliche Bundeskanzler Sebastian Kurz an seinen täglichen Pressekonferenzen ganz anders: feinfühliger,

Bernhard Sorg

aufmunternd und trotzdem realitätsbezogen, aber nie reisserisch.

In der Schweiz dagegen kamen die Behörden meistens einen Schritt zu spät und schossen dann weit über das Ziel hinaus. Die dümmste Aussage war und bleibt für mich der Slogan ‹Bleiben Sie zu Hause›. Deswegen haben sich viele Seniorinnen und Senioren in die Selbstisolation zurückgezogen und sich nicht mehr getraut, nach draussen zu gehen. Das ist fatal. Als Arzt rate ich Ihnen immer: Gehen Sie an die frische Luft, gehen Sie spazieren, stärken Sie Ihre Abwehrkräfte und Ihr Immunsystem bei schönem Wetter. Die Ansteckungen finden in geschlossenen Räumen statt, nicht draussen in der Natur.

Kommt dazu, dass der Begriff ‹Social Distancing› ein grosses Missverständnis darstellt. Er sollte heissen ‹Physical Distancing›. Wir dürfen uns doch nicht von unseren Freunden, Bekannten und Angehörigen distanzieren. Physisch ist Distanz dagegen angebracht – nämlich auf zwei Meter. Auch das Tragen von Masken macht Sinn, obwohl auch schon das Gegenteil behauptet wurde. Aber diese Masken schützen tatsächlich – wir wissen bloss nicht, zu wie viel Prozent.

Doch zurück zu den sozialen Kontakten. Die sind nicht nur nötig, sondern wünschenswert und fast schon lebenswichtig. Social Distancing macht uns traurig, krank und arm, weil es in die Einsamkeit und in die innere Leere führt. Dies beschränkt sich natürlich nicht nur auf die momentane Phase.

Auch nach der Krise sollten wir Kontakte pflegen, Gespräche führen, Briefe schreiben. Das grösste Leiden in Altersresidenzen sind nicht die körperlichen Gebresten, sondern das Alleinsein und die Vereinsamung.

«In der Schweiz kamen die Behörden meistens einen Schritt zu spät.»

Letztlich erstrecken sich die Auswirkungen der Coronakrise allerdings durch alle Bevölkerungsschichten und sämtliche Branchen – auch durch alle Bereiche des Spitzensports.

Ich war lange Jahre als Arzt im EHC Kloten und im Schweizer Eishockey-Verband tätig. Noch heute gehen viele Sportgrössen in unserer Praxis ein und aus. Die Pandemie hinterlässt auch bei ihnen tiefe Spuren – viele Klubs und Einzelsportler geraten in existenzielle Nöte. Dies ist zum Teil dramatisch und macht mich persönlich betroffen. Wenn diese Krise jedoch dazu beitragen kann, dass die exorbitanten Zahlen in der Welt des Fussballs (Honorare, Transfersummen) wieder auf ein vernünftiges Mass reduziert werden und in allen Bereichen ein Rückbesinnungsprozess eintritt, dann wäre dies eine höchst positive Begleiterscheinung dieser aussergewöhnlichen Zeit.»

«Von diesem Virus lasse ich mich nicht ins Sägemehl werfen»

Er ist der Böseste der Bösen. Doch nun steht Schwingerkönig Christian Stucki (35) einem fiesen Widersacher gegenüber. Wie der Seeländer mit Ehefrau Cécile (39) und den Söhnen Elia (4) und Xavier (6) der Krise trotzt und weshalb er unerschütterlich optimistisch bleibt.

Deisswil bei Münchenbuchsee im Berner Mittelland. 7.30 Uhr morgens. Eigentlich müssten sich die Autos im morgendlichen Stossverkehr in Richtung Bern bewegen und die Kinder auf dem Schulweg mit ihren Tornistern und Leuchtdreiecken farbiges Leben auf die grauen Trottoirs zaubern. Eigentlich müsste «Buchsi» schon lange aus dem Schlaf geweckt worden sein. Doch momentan ist nichts wie sonst. Seit die Bundesbehörden den Notstand ausgerufen haben, ist jeder Tag wie Sonntag. Die Strassen sind verlassen, das Leben ist ruhig geworden.

Christian Stucki lässt sich davon nicht beeindrucken. «Jetzt ist unser Metier besonders gefragt», sagt er lachend und öffnet die Tür zu seinem Lastwagen. Als Chauffeur der Firma «Lüthi & Portmann» liefert er Fleischwaren an Grossverteiler aus – und kann die Öffentlichkeit beruhigen: «Es gibt genug zu essen für alle.» Mit seinen 150 Kilogramm Lebendgewicht ist der Seeländer für diese Aussage eine verlässliche Referenz – und als Schwingerkönig dient er gerade in Krisenzeiten für viele seiner Landsleute als wichtige Orientierungshilfe. Obwohl auch er und seine Familie von der Entwicklung in den vergangenen Wochen überrumpelt und vor grosse Probleme gestellt wurde, verströmt er majestätische Gelassenheit und königlichen Optimismus: «Es wird alles wieder gut.» Ein gewichtiges Gespräch mit dem Giganten des Sägemehls.

Christian Stucki, die Schweiz befindet sich seit rund drei Wochen im Ausnahmezustand. Wie geht der Schwingerkönig mit dieser Situation um?

Wie vermutlich alle anderen Menschen auch. Wir versuchen, uns der aussergewöhnlichen Lage so gut wie möglich anzupassen. Doch der Alltag ist anspruchsvoller geworden. Unser älterer Sohn Xavier besucht die erste Klasse. Aber weil nun die Schule geschlossen ist und die Grosseltern als Kinderhüter nicht mehr infrage kommen, müssen meine Frau Cécile und ich uns arrangieren. Das klappt ziemlich gut.

Sie sind beide berufstätig?
Ja, Cécile arbeitet zu vierzig Prozent auf einem Notariatsbüro, ich bin zu 60 Prozent als Lastwagenchauffeur für eine Fleischproduktionsfirma tätig. Aber weil wir Schwinger derzeit nicht trainieren dürfen, habe ich am Dienstag mehr Spielraum. Und da ich am Mittwoch eine gäbige Tour fahre, kann ich mich am Nachmittag ebenfalls um die Kinder kümmern. Wir schaffen es auch ohne externe Hilfe.

> «Auch für die Grosseltern ist es hart. Sie sind zwar beide noch nicht 65 Jahre alt, aber wir wollen nichts riskieren.»

Wie schwer fällt es Ihren Kindern, die Grosseltern nicht mehr zu besuchen?
Sehr schwer. Und auch für die Grosseltern ist es hart. Sie sind zwar beide noch nicht 65 Jahre alt, aber wir wollen nichts riskieren. Niemand kennt dieses Virus so genau. Deshalb sage ich unseren Kindern immer wieder: Für euch und für uns jüngere Menschen ist die Gefahr klein. Aber ältere Menschen müssen sehr gut aufpassen. Deshalb ist es momentan für alle besser, wenn wir die Grosseltern nicht besuchen. Aber man kann ja auch telefonisch regen Kontakt halten. Und umso schöner wird es dann, wenn wir sie wieder sehen können.

Sie handeln ähnlich konsequent wie im Sägemehl…
Im Vordergrund muss die Gesundheit aller stehen. Ich vertraue unseren Behörden und befolge zusammen mit unserer Familie die Anweisungen strikt. Dieses Problem können wir nur zusammen überwinden – wenn jeder seinen Teil dazu beiträgt und auch bereit ist, die eigenen Interessen zurückzustellen. Auch wenn es vielen schwerfällt, ist es momentan am besten, zu Hause zu bleiben und die sozialen Kontakte auf das engste Umfeld zu reduzieren.

Sie gelten als Persönlichkeit, die sich nicht so schnell aus der Fassung bringen lässt. Bleiben Sie auch angesichts der aktuellen Bedrohungslage immer ruhig?

Christian Stucki

Ich versuche es, denn es ist wichtig, dass wir jetzt nicht in Panik verfallen. Der Ernst der Situation ist mir absolut bewusst. Aber gleichzeitig können wir feststellen: Die Infrastruktur und die Versorgung in unserem Land funktionieren auch in dieser Krise. Mit meiner Arbeit im Lebensmittelbereich trage ich dazu bei, dass die Lieferkette funktioniert. Unser Metier ist nun sehr gefragt. Ich spüre eine grosse Wertschätzung. Das freut mich. Und ich kann die Menschen beruhigen: Es gibt genug von allem in der Schweiz. Es ist nicht nötig, sich um Pasta-Packungen und WC-Papier zu streiten.

Viele Menschen haben angesichts der diffusen Gefahr und der plötzlichen Einbrüche der Wirtschaft Existenzängste. Sie als Schwinger sind quasi auch ein selbstständig Erwerbender. Wie gehen Sie mit den finanziellen Ausfällen um?

Wirtschaftlich bin ich nur am Rande betroffen. Vielleicht gewinne ich den einen oder anderen Muni weniger, doch davon hängt meine Lebensgrundlage nicht ab. Mir tun aber die Leute leid, die nun wirklich mit dem Rücken zur Wand stehen. Ich denke an die vielen Kleinunternehmer und Selbstständigen. Deshalb verzichte ich nun ganz bewusst auf den Onlinehandel, wenn es nicht unbedingt sein muss. Kleider beispielsweise haben wir ja genug. Deshalb kann man mit Neuanschaffungen warten, bis die Läden wieder geöffnet sind. Auch andere Solidaritätsaktionen finde ich schön – dass man beispielsweise bei Coiffeursalons nun Gutscheine für die Zeit nach der Krise kauft, um diesen Unternehmen proaktiv zu helfen.

Bewegen Sie sich – abgesehen von der Arbeit – nicht mehr im öffentlichen Raum?

Mit Kindern ist dies eine grosse Herausforderung – ich würde sagen, eine unmögliche. Kinder wollen nach draussen, und das ist auch normal. Am vergangenen Sonntag waren wir mit der Familie spazieren – bei schönem Wetter, aber in einer sehr speziellen Atmosphäre. Die Leute nehmen automatisch Abstand, weichen zurück. Daran muss man sich erst mal gewöhnen. Auch dass man sich zur Begrüssung die Hand nicht mehr reicht, ist fast schon ein kleiner Kulturschock. Doch das ist der einzige Weg, um diese Pandemie in den Griff zu bekommen.

Als Schwinger sind Sie auch sportlich von der Situation betroffen. Zwei Meter Abstand zu halten, ist in diesem Sport unmöglich…

…. deshalb ist das Schwing-Training bis Ende April verboten. Ich könnte höchstens mit Xavier trainieren – oder mit Cécile (lacht). Auch das Trainingszentrum meines Konditionstrainers Tommy Herzog in Beromünster bleibt bis auf Weiteres geschlossen. So muss ich improvisieren und mir in der Garage einen Kraftraum einrichten. Niemand weiss schliesslich, wie lange die Massnahmen des Bundes noch in Kraft sind. Ich zweifle, dass schon in diesem Sommer alles wieder normal sein wird.

> «Der Ernst der Situation ist mir bewusst. Aber gleichzeitig können wir feststellen: Die Infrastruktur und die Versorgung in unserem Land funktionieren auch in dieser Krise.»

Wie für viele andere Menschen auch, muss diese Ungewissheit für Sie sehr unangenehm sein…

… ja, das ist für alle Sportler und Veranstalter gleich. Niemand weiss, wann und ob es weitergeht. Wird die ganze Saison gestrichen? Besonders betroffen sind die potenziellen Teilnehmer an den Olympischen Spielen. Sie haben sich seit fast vier Jahren auf diesen Anlass vorbereitet und mussten nun erleben, dass der wichtigste Event ihrer Karriere um ein Jahr verschoben wird.

Mit 35 Jahren sind Sie für einen Spitzensportler in einem reifen Alter. Ist es möglich, dass die Coronakrise Ihrer Karriere einen jähen Schlusspunkt setzt?

Nein, definitiv nicht. Von diesem Virus lasse ich mich nicht ins Sägemehl werfen. So kann ich auf keinen Fall aufhören. Wenn ich gesund bleibe, will ich noch ein, zwei Jahre weiterschwingen. Und wenn die Pause sportlich etwas Gutes hat, dann die Tatsache, dass man sich nicht verletzen kann.

Auch die Umwelt wird geschont…

… das ist vielleicht das Schönste an der momentanen Situation. Wenn ich höre, dass im Hafen von Sardiniens Hauptstadt Cagliari plötzlich wieder Delfine auftauchen, freut mich das sehr. Es ist auch schön, dass weniger Flugzeuge unterwegs sind und man stattdessen die Vögel zwitschern hört. Wenn ich ehrlich bin, profitiere ich als Chauffeur von der Situation. Plötzlich hat es viel weniger Verkehr. Das schont die Nerven.

Und in den eigenen vier Wänden herrscht nun ebenfalls ein neuer Rhythmus…

… genau. Plötzlich ist es nicht der Alltagstrott, der das Leben diktiert. Man hat mehr Zeit für die Familie, spielt öfters mit den Kindern, erhält Gelegenheit, durchzuatmen und das tägliche Gehetze zu hinterfragen. Vor allem lernt man die kleinen Dinge wieder zu schätzen. Wenn wir dies auch für die Zeit nach der Krise beibehalten, kann der jetzige Zustand auch etwas Gutes haben. Da bin ich mir sicher.

Sieger ohne Fest

Er gehörte zu den grossen Siegern dieses Winters – und schoss sich in sporthistorische Sphären. Trotzdem bleibt er vorderhand der «ungekrönte König». Die spezielle Coronageschichte von ZSC-Star Pius Suter.

Wer Pius Suter auf der Strasse begegnet, hält ihn für einen Mathematikstudenten – oder für einen jener freundlichen jungen Männer, die einem im Brillengeschäft mit Engelsgeduld ein Modell nach dem anderen zum Probieren reichen, den Spiegel hinhalten – und bereit sind, noch ein anderes Exemplar aus dem schier endlosen Sortiment zu holen.

Doch Pius Suter ist kein Verkäufer und auch kein Student – obwohl er in der Garderobe der ZSC Lions wegen seines wachen Geistes von den Mitspielern auch als «sneaky Pius» (schlauer Pius) bezeichnet wird. Suter, der Jüngling mit dem wuscheligen Haar und der schwarzen Brille, ist der torgefährlichste Schweizer Eishockey-Stürmer. Wenn er mit seinem Stock zum Slapshot ausholt, hat der gegnerische Torhüter oft schon kapituliert. Mit 30 Treffern und 23 Assists sicherte sich der frühere Junior des EHC Wallisellen in dieser Saison die Krone des Torschützenkönigs – als erst dritter Schweizer nach Guido Lindemann (1982) und Damien Brunner (2012). Darauf angesprochen, sagt er fast ein wenig erstaunt: «Ich hätte wirklich gedacht, dass noch ein paar andere Schweizer auf dieser Liste stehen.»

Pius Suter

Diese Worte spricht Suter am Telefon aus. Es ist Anfang April und frühlingshaft warm. Der Eishockey-Profi sitzt mit seiner Freundin zu Hause in der gemeinsamen Wohnung in Opfikon. Eigentlich wäre jetzt Play-off – «die coolste Zeit des Jahres. Dafür arbeitet man als Eishockey-Profi», sagt Suter. Das Hallenstadion wäre im Viertagesrhythmus ausverkauft und der ZSC Stadtgespräch. Suter selber würde im Endspurt um den Titel, seinem zweiten nach 2018, eine Hauptrolle spielen. Und am 9. Mai würde er in Oerlikon mit der Schweizer Nationalmannschaft zum WM-Auftakt gegen Russland seine Treffsicherheit an den grössten Puckvirtuosen der Welt messen können.

Hätte, wenn und aber. Nichts ist, wie es hätte sein können. Die Pandemie nötigte das Schweizer Eishockey zu einem Vollstopp. Am 29. Februar hatten die ZSC Lions die Regular Season dank einem 4:1 im finalen Spiel gegen den EV Zug auf dem ersten Platz abgeschlossen und Suter mit dem Treffer zum 3:0 die perfekte Qualifikation standesgemäss beendet. Wegen Corona fand das Spiel vor leeren Rängen statt. 13 Tage später entschieden die Klubvertreter an einer ausserordentlichen Ligaversammlung, die Saison abzubrechen. Nochmals 24 Stunden später einigten sie sich darauf, den Meistertitel nicht zu vergeben. Suter kann mit diesem Verdikt leben: «Die Playoffs sind der Höhepunkt der Saison. Nach der Qualifikation zum Meister ernannt zu werden, wäre nicht das Gleiche gewesen.»

> «Die Playoffs sind der Höhepunkt der Saison. Nach der Qualifikation zum Meister ernannt zu werden, wäre nicht das Gleiche gewesen.»

Dass der wichtigste Titel im nationalen Eishockey nicht ausgespielt wird, ist eine Ausnahmesituation. Zuvor war dies nur 1914, 1915 und 1940 der Fall gewesen. In allen drei Jahren brachten die Weltkriegswirren das Eis zum Schmelzen. Und auch die Eishockey-WM fällt dem Coronavirus zum Opfer – erstmals seit dem Zweiten Weltkrieg ist das Turnier gestrichen.

Diese geschichtlichen Dimensionen sind für Suter von sekundärer Bedeutung. Die Enttäuschung freilich ist gross: «Die WM-Absage schmerzt. Das Turnier vor den eigenen Fans wäre ein grosses Highlight gewesen.» Pragmatischer nimmt er den Abbruch der Schweizer Meisterschaft: «Mit den ZSC Lions hatten wir einen starken Abschluss der Saison. Wenn man normalerweise das letzte Spiel einer Saison gewinnt, folgt danach eine grosse Party. Diesmal ist es halt anders.» Stattdessen kommuniziert Suter nun via Mannschafts-Chat mit seinen ZSC-Kollegen – und erhält den Trainingsplan via App. Er sei schon mehrfach im Kraftraum gewesen, um Gewichte zu holen. Mit Trainingsmatten hat er das Wohnzimmer zum Fitnessraum umfunktioniert. Daneben geht er regelmässig Joggen. Von Homeoffice könne man bei Eishockey-Spielern aber nicht sprechen – eher von «Homeferien» wie er lachend sagt.

Grundsätzlich sei die Situation des abrupten Saisonendes für Eishockey-Spieler nicht aussergewöhnlich: «In den Playoffs stoppt man nach dem letzten Spiel auch quasi von 100 auf 0.» Normalerweise erhalte man aber die Gelegenheit, die Saison an einem Team-Essen im geselligen Rahmen abzuschliessen und sich von den Mitspielern zu verabschieden. Stattdessen erhält Suter nun sozusagen Nachhilfestunden in «Eishockey-Geschichte». Aus Mangel an Livesport zeigen die TV-Stationen Spiele aus der Konserve. So habe er nun erstmals überhaupt das Playoff-Finale 2011 zwischen Kloten und Davos gesehen, so Suter schmunzelnd.

Trotz des Stillstands geht sein Blick jedoch vorwärts – und über den Atlantik hinaus. Denn die Spatzen pfeifen es schon länger von den Dächern, dass Pius Suter die nächste Saison nicht mehr in Zürich, sondern in der National Hockey League in Angriff nehmen wird. Da er trotz guter Leistungen auf Juniorenstufe von keinem Klub gedraftet worden ist, könnte er nun seinen neuen Arbeitgeber unter den interessierten Klubs frei wählen. Darüber mag er aber noch nicht spekulieren: «Die Transfergeschäfte in der NHL laufen ohnehin erst in der Sommerpause – und solange nicht klar ist, wann und ob die aktuelle Saison zu Ende gespielt wird, studiere ich nicht zu viel darüber nach.»

> *«Jetzt wird uns allen bewusst, welche Freiheiten und Privilegien wir in der Schweiz normalerweise haben.»*

Mehr Gedanken macht er sich dagegen über die Situation in der Schweiz. Es sei für ihn selbstverständlich, dass er sich solidarisch zeige und die Wohnung nur in Ausnahmefällen verlasse: «Jetzt wird uns allen bewusst, welche Freiheiten und welche Privilegien wir in der Schweiz normalerweise haben.» Es schmerze ihn, dass er seine Grosseltern und viele Kollegen momentan nicht sehen könne, aber handkehrum habe die Situation auch etwas Gutes: «Wir sind weniger gestresst und gehen alles ein bisschen langsamer an.» Pius Suter weiss genau: Früher oder später wird er auf dem Eis wieder Vollgas geben – und für den Gewinn seines zweiten Meistertitels bleibt ihm noch viel Zeit.

«Der Mensch ist brillant anpassungsfähig»

Die Pandemie stellte viele Unternehmen organisatorisch vor gewaltige Herausforderungen. Und die Medien wurden für viele Menschen zum einzigen Fenster in die reale Welt. Ringier-CEO Marc Walder (54) **blickt auf die turbulente Zeit zurück.**

Ich erinnere mich gut: Es war ein längeres Telefonat mit Antonio Hodgers, dem Präsidenten des Genfer Regierungsrates, am Dienstagnachmittag des 25. Februar.

Corona schien noch weit weg – und doch bereits so nah, angekommen im Norden Italiens. Drei Tage zuvor, so erfuhr man später, war in Italien der erste Mensch an Covid-19 gestorben, ein 78-jähriger Mann mit medizinischer Vorbelastung.

Hodgers und ich hatten ein zentrales Thema: Was ist zu tun mit dem bevorstehenden Autosalon in Genf? Einem wahren Mega-Event, an dem Hunderttausende von Menschen in den Palexpo-Hallen zusammenkommen, aus allen Ländern der Welt.

Aus heutiger Sicht ein ganz und gar obsoletes Telefonat. Klar, absagen. Sofort. Keine Frage.

Aber damals, ganz zu Beginn der Ausbreitung dieses unheimlichen Virus in Europa, war es eine hochkomplexe Diskussion. Für Hodgers, sensitiver Vollblut-Politiker, war klar: Es geht wirtschaftlich um enorm viel – die versammelte internationale Automobil-Industrie. Alles war minutiös vorbereitet für diese grosse, weltweit anerkannte Show, die so fundamental wichtig ist für den Standort Genf.

«Den Autosalon absagen? Jetzt? Wer wagt diesen Schritt?»

Doch Hodgers realisierte sofort: Es geht um noch viel mehr – medizinisch, gesellschaftlich und auch politisch. Doch den

Salon absagen? Jetzt? Wer wagt diesen Schritt?

Drei Tage später, am Freitag, wurde der Autosalon von Genf abgesagt. Und mit ihm alle Veranstaltungen in der Schweiz mit mehr als 1000 Besuchern. Ein Entscheid des Bundesrates.

Es war in Europa der Beginn einer historischen Krise. Einer medizinischen Krise, die in horrendem und nie für möglich gehaltenem Tempo zu einer Weltwirtschaftskrise wurde. Es war der Beginn einer Phase, in der Europa und grosse Teile der Welt zu einem Lockdown gezwungen wurden.

> «An jenem Dienstag versammelte ich die Konzernleitung von Ringier. Wir nannten sie Covid-19-Task-Force.»

An jenem Dienstag, nach dem intensiven Telefonat mit Hodgers, versammelte ich die Konzernleitung von Ringier, um – früher als viele andere Unternehmen – eine Task Force zu bilden. Wir nannten sie Covid-19-Task-Force. Heute haben wir fünf davon. Der Auftrag an das Team: Definieren, wie sich unser Unternehmen zu verhalten hat. Organisatorisch, medizinisch, finanziell, technologisch. Nicht wissend, höchstens vage ahnend, was in den kommenden Wochen alles geschehen könnte.

Zehn Tage später arbeiteten knapp 7000 der 7600 Mitarbeiterinnen und Mitarbeiter der Ringier Gruppe im Homeoffice.

Nie hätte ich für möglich gehalten, dass ich eine derart radikale Massnahme je werde treffen müssen. Noch weniger hätte ich mir vorstellen können, dass alle 109 Unternehmen unter dem Holding-Dach von Ringier von zu Hause aus funktionieren würden.

Medienunternehmen wie die «Blick»-Gruppe, die «Bilanz», die «Handelszeitung», der «Beobachter», die «Schweizer Illustrierte», «Le Temps» – um nur einige unserer Schweizer Marken zu nennen. Radio Energy, die Scout24-Gruppe, Jobs.ch, Ticketcorner, die Sportvermarktung, Deindeal, geschenkidee - alle von zu Hause aus. Es funktionierte. Tatsächlich.

Im riesigen Newsroom der «Blick»-Gruppe, in dem sonst 200 Journalisten und Produzenten arbeiten, sind noch eine Handvoll Mitarbeiter vor Ort. Beinahe gespenstisch ruhig und leer. Der Rest? Daheim. Eine technische und koordinative und kommunikative Parforce-Leistung. Über 25 Millionen Pageviews verzeichnet blick.ch pro Tag seither. Das ist mehr als doppelt so viel wie der bisherige historische Rekordwert.

Marc Walder

«Der Mensch adaptiert schnell – nie habe ich mehr Jogger und Spaziergänger beobachtet als jetzt.»

Ökonomisch ist Corona für beinahe alle Unternehmen ein Fiasko. Dramatischste Umsatzeinbrüche in allen Industrien. Auch in der Medienindustrie, die stark Werbemarkt-basiert ist. Kurz und knapp: Wer macht schon Werbung, wenn alles zu ist?

Seit Anfang März arbeite ich, wie praktisch alle unsere Mitarbeiter, von zu Hause aus. Per Video- und Telefonkonferenzen: Zehn, elf pro Tag. Mit zwei Laptops und einem iPhone. Krisenmodus. Die Videobotschaften an die Mitarbeiter in all unseren 20 Ländern filmt unsere Tochter. Mit dem Smartphone.

Vor Covid-19 kam dafür ein professionelles Video-Team… Vielleicht sind die Botschaften jetzt gar besser, eindringlicher, weil authentischer.

> «Der Mensch ist solidarisch. Wenn es ernst gilt. Der Mensch ist dankbar, wenn es um ihn selbst geht.»

Meine Erfahrungen? Meine Lektionen? Es geht. Der Mensch ist brillant anpassungsfähig, lernt schnell, adaptiert schnell, gewöhnt sich umgehend an neue Begebenheiten. Das wunderbare Wetter der vergangenen Wochen hat viel dazu beigetragen, dass die Freude nicht verloren ging. Nie habe ich mehr Jogger und Spaziergänger beobachtet als jetzt.

Der Mensch ist solidarisch. Wenn es ernst gilt. Der Mensch ist dankbar, wenn es um ihn selbst geht.

Wir haben die schweizweite Applaus-Aktion für das medizinische Personal innert vier Tagen aus dem Nichts lanciert, damals im März. Und die Schweiz hat applaudiert. Mittags um zwölf standen die Menschen am Fenster, auf dem Balkon, auf der Terrasse und klatschten.

Wir hätten diese Applaus- und Respekts-Aktion Woche für Woche machen sollen. Ja, müssen. Für die Menschen, die in den Läden arbeiten. Für die Menschen, die die vielen Lieferungen an die Türen bringen. Für alle, die dafür sorgen, dass unser Leben trotz Lockdown weitergeht. Wir haben das verpasst. Das bedaure ich.

Was ändert sich?

Die Digitalisierung aller Bereiche in unserem Leben hat innert Wochen einen Quantensprung gemacht. Innert weniger Tage wurden wir alle ins kalte Wasser geworfen und mussten uns neu organisieren. Wie geht das alles, wenn ich es von zu Hause aus machen muss? Die Schule. Mein Job. Der Einkauf. Das Leben halt.

Was wird anders sein nach Corona?

Ich weiss nicht. Vielleicht dies: Die Gewissheit, verstanden zu haben, was wirklich wichtig ist im Leben von uns allen.

Mark Walder

Die nette Frau Wang

Wie der Grasshopper Club ausgerechnet während der Coronakrise in chinesische Hand kam – und wer die neue Chefin des Klubs ist. Eine Spurensuche zwischen Niederhasli und Shanghai.

Jenny Jinyuan Wang

Nicht alles, was im Frühjahr 2020 aus China stammt, verbessert die Lebensqualität entscheidend. Es ist ein offenes Geheimnis, dass das Coronavirus auf einem Tiermarkt in Wuhan von einer Fledermaus auf einen Menschen übersprang und so die Pandemie auslöste. Damit hat die Fussballsektion des Grasshopper Clubs allerdings nichts zu tun. Und trotzdem blickt der 27-fache Schweizer Meister momentan in einer Mischung aus Skepsis, Faszination und Erleichterung ins bevölkerungsreichste Land der Erde. Denn dort fand der frühere Nobelklub das, was er in vergangenen Jahren in der Schweiz und im Rest der Welt vergeblich suchte – und was viele Unternehmen in diesen Tagen vom Staat einfordern: flüssige Mittel und einen Investor, der die Differenz zwischen sportlichem Anspruch und wirtschaftlicher Realität deckt, der neue Perspektiven eröffnet und gar von alten Grosstaten träumen lässt.

Doch der «Corona-Coup» der Grasshoppers hat Auswirkungen, die weit über Sport und Wirtschaft hinausgehen. Er ist vor allem auch mit einem drastischen Kulturwandel verbunden. Auf die Anfrage nach einem Interview mit der neuen Klubbesitzerin Jenny Jinyuan Wang (49) antwortete der neu installierte Kommunikationschef Adrian Fetscherin mit einer Frage: «Feiert man in

China eigentlich auch Ostern?» Man feiert es nicht – zumindest nicht die überwiegende Mehrheit der Bevölkerung. Ein Interview war dennoch nicht möglich. Und die schriftlich eingereichten Fragen nach Frau Wangs Zielen mit den Grasshoppers, ihren Verbindungen zur Schweiz und dem ersten Besuch bei ihrem neuen Klub blieben unbeantwortet. Auch Andras Gurovits, der einzige verbliebene Verwaltungsrat der alten Klubführung, kann nicht weiterhelfen: Er hat Jenny Jinyuan Wang persönlich weder getroffen noch gesprochen: «Das Coronvirus hält die meisten Flugzeuge am Boden und verhindert Reisen nach Asien weitgehend», heisst es in einer Erklärung der neuen Klubführung. Trotzdem ist die chinesische GC-Eigentümerin mehr als ein Phantom. Wer nach ihr sucht, wird im Internet fündig. In ihrer Heimat machte sich Jenny Wang als Journalistin und Nachrichtensprecherin einen Namen und stieg durch die Heirat mit Guo Guangchang, dem Besitzer des Finanz- und Industriekonzerns Fosun, zu einer der vermögendsten Frauen des Landes auf. Ihr Gatte, in der Branche als «Warren Buffet von Shanghai» bekannt, wird vom US-Wirtschaftsmagazin «Forbes» mit einem Vermögen von 5,4 Milliarden Dollar als Nummer 401 der reichsten Menschen der Welt aufgeführt.

Doch zurück zu seiner Ehefrau. Jenny Wang soll den vormaligen GC-Eigentümern Peter Stüber und Stephan Anliker für deren Aktienanteil einen einstelligen Millionenbetrag bezahlt haben und nun über 90 Prozent der Aktien verfügen. Die restlichen zehn Prozent liegen in einer Stiftung unter dem Vorsitz von Gurovits. Diese Stiftung soll quasi die ideologische Lebensversicherung des Klubs sein. Ihr Zweck besteht darin, die Geldflüsse und Namensrechte zu kontrollieren und ein Vorzugsrecht bei einem Weiterverkauf zu garantieren. Gurovits sagt zu den Absichten von Wang: «Frau Wang sieht GC als Teil des kulturellen Erbes von Zürich, aber auch als Start-up.»

Der «Corona-Coup» der Grasshoppers hat Auswirkungen, die weit über Sport und Wirtschaft hinausgehen.

Gleichwohl ziehen sich Schleier des Zweifels über den Verkauf des bekanntesten Schweizer Sportklubs. Denn der Deal wurde über Wangs Firma «Champion Union HK Holdings Limited» mit Sitz in Hongkong abgewickelt. Grund für den Umweg: Guo Guangchang ist mit Fosun Eigentümer des englischen Premier-League-Klubs Wolverhampton Wanderers, und der europäische Fussballverband Uefa verbietet es, dass zwei

Vereine des gleichen Eigentümers am selben Wettbewerb teilnehmen.

> «Eigentlich ist dies eine grandiose Chance in einer wirtschaftlich höchst schwierigen Zeit.»

So befindet sich der Grasshoppers Club also erstmals in seiner 134-jährigen Geschichte in weiblicher Hand. Gleichwohl ist nicht damit zu rechnen, dass sich Jenny Wang direkt ins operative Geschäft einmischt. Die dreifache Mutter gilt als diskret und zurückhaltend und hatte mit dem Fussballgeschäft bisher ungefähr so viel gemein wie der chinesische Volkskongress mit der direkten Demokratie. International bekannt wurde sie vor allem als Kunstsammlerin. Als Leiterin der gemeinnützigen Fosun Foundation stellt sie im «Bund Finance Center» in Shanghai Exponate aus der ständigen Sammlung ihres Mannes von zeitgenössischen Künstlern wie Wolfgang Tillmans, Zhang Enli, Francisco Clemente, Sterling Ruby oder Yan Pei-Ming aus. Dabei ist das Gebäude selber ein Kunstwerk – mit einem «Sky Garden» auf dem Dach, auf dem eine Installation des japanischen Bildhauers Tatsuo Miyajima gezeigt wird. Neben den Ausstellungen finanziert Wang auch Lehrgänge, Vorträge und Forschungsarbeiten für Künstler und Pädagogen.

Und nun hat die finanziell unabhängige Philanthropin ihre Liebe zum Schweizer Fussball entdeckt. Skeptiker verweisen auf die gescheiterten Projekte mit ausländischen Investoren in Genf, Neuenburg, Sitten, Wil und Wohlen, bezichtigen GC des Seelenverkaufs und warnen vor den Verbindungen von Fosun mit dem einflussreichen Spielervermittler Jorge Mendes. Der Verdacht liegt nahe, dass die Grasshoppers auf dem internationalen Transfermarkt zum Durchlauferhitzer für junge Talente oder zum Abstellplatz für aussortierte Hoffnungsträger werden könnten und den Chinesen als Plattform für spekulative Geschäfte dienen. Gleichzeitig kann die Konstellation auch als Glücksfall bezeichnet werden.

Selbst Fredy Bickel, der vom chinesischen Sturm weggefegte bisherige Geschäftsführer, sagt: «Eigentlich ist dies eine grandiose Chance in einer wirtschaftlich höchst schwierigen Zeit.» Kommt dazu, dass sich der Schweizer Geldadel von der Goldküste und vom Zürichberg um ein Engagement foutiert. Vor diesem Hintergrund wäre es ungerecht, das Haar in der chinesischen Suppe zu suchen. Und dass Frau Wangs wichtigster Befehlsempfänger, der neue GC-Präsident, den Namen Sky Sun trägt, darf als gutes Omen gewertet werden. Sky Sun tönt definitiv besser als Stephan Anliker oder Fritz Peter. Corona hin oder her.

Sacha Wigdorovits

«Der Trend zur Digitalisierung wird sich verstärken»

Er war Chefredaktor des «Blick» und Gründer der Gratiszeitung «20 Minuten». Heute ist er Inhaber einer Kommunikationsagentur und Verwaltungsrat von startups.ch. Sacha Wigdorovits (68) kennt die Schweizer Medien- und Unternehmenslandschaft aus dem Effeff. In der Coronakrise sieht er auch eine grosse Chance – wenn die Einsicht zur Selbstkritik besteht: «Wir müssen uns alle hinterfragen und neu positionieren.»

Herr Wigdorovits, was stellen Sie den Schweizer Behörden für ein Zeugnis in Sachen Kommunikation aus?

Mein Urteil fällt je länger, je schlechter aus. Immer deutlicher wird, dass die Vorbereitung auf eine solche Epidemie ungenügend war. Das beginnt schon damit, dass die Corona-Fallzahlen von den Kantonen offenbar nur per Fax an die Bundesbehörden übermittelt werden können. Und dies im Zeitalter von Computern, E-Mail, Internet und superschnellen Datenleitungen. Das ist für ein Land wie die Schweiz blamabel und unfassbar beschämend. Aber auch sonst ist die Kommunikation von Experten und Bundesrat je länger, je weniger überzeugend. Von Anfang an wurde ein übertriebenes Schreckensszenario gezeichnet. Beispielsweise sagte Werner Kübler, der Direktor des Universitätsspitals Basel, Mitte März, dass das Gesundheitssystem in einer Woche an seine Grenzen stossen werde. Und er sprach davon, dass nur ein einziges Privatspital in der Region Covid-19-Patienten behandle. Danach stellte sich heraus, dass allein fünf Basler Privatspitäler das Bruderholzspital mit Personal und Geräten unterstützen.

Ausserdem besteht bis heute keine Kapazitätsnot in den Spitälern – im Gegenteil. Weil die OP-Säle und Patientenbetten leer sind, haben viele Spitäler Kurzarbeit eingeführt und drängten die Spitaldirektoren schon in der ersten Aprilhälfte darauf, den Stopp von nicht dringenden Eingriffen zu beenden. Kurz gesagt: Die Situation hat sich nicht ansatzweise so dramatisch entwickelt wie vorausgesagt – weder was den Kapazitätsnotstand auf den Intensivstationen noch was die Zahl der Infizierten und Todesfälle betrifft. Das hat die Glaubwürdigkeit der Spezialisten untergraben. Es erinnert an die bekannte Fabel vom Hirtenjungen, der immer wieder ohne Grund «Wolf» geschrien hat, worauf ihm das ganze Dorf zu Hilfe eilte. Und als der Wolf dann tatsächlich kam, hat ihm niemand mehr geglaubt und der Wolf hat seine Herde aufgefressen.

«Eines der wichtigsten Gebote in der Krisenkommunikation: Man kommuniziert nichts, was man nicht 100% sicher weiss.»

Zudem behandelt der Bundesrat die Bevölkerung bei seinen Pressekonferenz-Auftritten oft wie unmündige kleine Kinder, die man an der Hand nehmen, ihnen liebevoll über den Kopf streicheln und von oben herab loben muss, damit sie sich anständig benehmen. Das ist unser unwürdig.

Die grosse Mehrheit der Bevölkerung in der Schweiz handelt auch ohne solches lehrerhafte Gehabe der Behörden vernünftig und mit Selbstverantwortung.

Und wenn wir für uns selber Risiken in Kauf nehmen, ohne dabei andere zu gefährden, dann ist das unsere Sache und nicht diejenige des Bundesrates.

Was hätten Sie sonst noch in der Kommunikation anders gemacht?

Eines der wichtigsten Gebote in der Krisenkommunikation lautet: Man kommuniziert nichts, was man nicht 100% sicher weiss. Das heisst: Man macht nie irgendwelche Prognosen, denn in Krisen kommt meistens alles anders, als man denkt. Aber genau solche Prognosen haben viele Experten beim Coronavirus gemacht. Ausserdem darf man eine Krise nicht «eindimensional» sehen. Natürlich ist die Gesundheit insbesondere der Risikogruppen ein zentrales Gut. Aber das gilt auch für die Existenz der Bevölkerung allgemein. Das heisst, es geht nicht nur um medizinische, sondern auch um wirtschaftliche und gesellschaftspolitische Fragen. Meiner Ansicht nach hat sich der Bundesrat in der jetzigen Coronakrise zu sehr von den Gesundheitsbehörden und medizinischen Spezialisten, also den Ärzten, steuern lassen. Das hat wohl auch damit zu tun, dass wir bei dem Thema «Tod» und «Sterben» eine Nullrisiko-Gesellschaft geworden sind: Wir verdrängen diese Themen und versuchen, der Vermeidung des Sterbens alles andere unterzuordnen. Doch so menschlich dies auch sein mag, es geht nicht und ist deshalb falsch. Ich hätte beispielsweise den Ansatz von Wirtschaftsprofessor Reiner Eichenberger viel gescheiter gefunden, eine klug gesteuerte Durchseuchung der Bevölkerung zu organisieren, um die Wirtschaft nicht total in den Abgrund zu stossen. Denn genau dies droht jetzt trotz der gigantischen finanziellen Mittel, die der Bund zur Linderung der von ihm auferlegten Massnahmen in die Hand nimmt. Und was ist die Wirtschaft denn anderes als Menschen. Als wir alle.

«Ich bin extrem ernüchtert, wie manipulativ die Medien mit dem Thema umgegangen sind. Sie liessen sich quasi als Kommunikationsorgan der Behörden instrumentalisieren.»

Wie beurteilen Sie die Rollen der Medien?

Ich bin extrem ernüchtert, wie unkritisch, ja manipulativ die Medien mit dem Thema umgegangen sind. Sie wirkten gleichgeschaltet und liessen sich quasi als Kommunikationsorgan der Behörden instrumentalisieren. So trugen sie einen entscheidenden Anteil daran, dass Hysterie und Panik in der Bevölkerung zunahmen. Von den Medien hätte ich wesentlich mehr Reflexion und Meinungsjournalismus erwartet. Es kann nicht sein, dass immer dieselben Fachleute zu Wort kommen, die immer die gleiche negative Botschaft verbreiten. Vielleicht mit Ausnahme der «NZZ», die beispielsweise auch Fachleuten wie dem bereits erwähnten Reiner Eichenberger ein Forum bot. Wesentlich differenzierter wurde und wird in den sozialen Medien mit dem Thema umgegangen. Natürlich gibt es auch dort viele schwachsinnige Kommentare. Aber man findet auch viele fundierte Analysen, die sich wohltuend vom obrigkeitsgläubigen Mainstream der meisten klassischen Medien abheben. Deshalb sind medial betrachtet die sozialen Medien die Hauptgewinner der Krise, auch wenn gewisse klassische Medien kurzfristig mehr Zuhörer und Zuschauer haben oder ein paar zusätzliche User und Leser.

Es ist immer wieder von kriegsähnlichen Zuständen die Rede. Was sagen Sie dazu?

Da kommt mir meine Grossmutter in den Sinn. Sie pflegte zu sagen: «Sie trieben mit dem Entsetzen Scherz.» Mein Vater überlebte den Holocaust. Das war Krieg. Ein guter Kollege von mir erlebte den Jugoslawienkrieg. Wer die Coronakrise mit Krieg gleichsetzt, weiss nicht, was Krieg bedeutet. Nochmals: Ich würde mir von den Medien mehr Zurückhaltung und Differenzierung wünschen – statt aus Sensationsgier mit immer neuen hysterischen Negativschlagzeilen ein Geschäft machen zu wollen.

Bei der «Neuen Zürcher Zeitung» sind 80 Prozent der Einnahmen aus den Inseraten weggebrochen. Welche langfristigen Folgen hat dieser Schock?

Nicht nur die «NZZ» ist stark betroffen – praktisch alle Printtitel sind es. Die Schweiz schlittert in eine schwere Rezession und darunter werden die klassischen Medien wie Zeitungen und TV am stärksten leiden. Denn erfahrungsgemäss streichen Unternehmen in Krisensituationen als Erstes die Ausgaben für Marketing und Werbung. Im gewissen Sinne werden die Medien ein Opfer ihrer eigenen Botschaft. Denn die Hysterie, die sie befeuerten, schlägt auf sie zurück. Es ist sozusagen wie im Frankreich des 18. Jahrhunderts: Die Revolution frisst ihre eigenen Kinder.

Aber es gibt auch die andere Seite. Die Klickzahlen auf den Onlineplattformen verzeichnen Rekordwerte…

…das sind kurzfristige Entwicklungen. Mittelfristig sind auch die Onlinemedien vom Inseratenrückgang betroffen. Ich denke, die Bevölkerung hat genug von den permanenten Negativnachrichten. Das erinnert mich an meine Zeit als «Blick»-Chefredaktor. Es gab eine Phase, in der wir zehn Tage hintereinander eine Negativmeldung auf der Titelseite hatten. In den ersten drei Tagen verkaufte sich die Zeitung gut – danach brach der Absatz ein.

Gibt es Branchen, die von der Krise profitieren?

Grundsätzlich hat der Lockdown für viele kleine und mittlere Betriebe und ihre Inhaber dramatische Folgen. Nehmen Sie das Beispiel eines Coiffeurs, der einen eigenen Betrieb führt. Er erhält als Entschädigung dafür, dass dieser jetzt geschlossen bleiben muss, vom Bund 3230 Franken. Wie soll er damit die Miete für seinen Salon und seine Wohnung bezahlen und auch noch seine vierköpfige Familie ernähren? Das ist unmöglich. Hier werden Menschen ohne jegliches eigenes Verschulden in die Verzweiflung und in den Ruin getrieben. Das sind keine fiktiven Beispiele, sondern solche, die ich als Verwaltungsrat der Firma Nexus AG sehe, zu der die Online-Firmengründungsplattform startups.ch und das Treuhandunternehmen Findea gehören. Gleichzeitig sehe ich aber bei startups.ch auch sehr Positives. So ging zwar in der ersten Märzhälfte, zu Beginn der Coronakrise, bei uns in der Schweiz die Zahl der Firmengründungen verglichen mit dem Vorjahr zurück. Doch seither steigt sie wieder stetig an. Sie ist zwar noch nicht ganz auf Vorjahresniveau, aber sie zeigt: Die Jungunternehmerinnen und -unternehmer in der Schweiz lassen sich von Corona nicht entmutigen. Das ist grossartig.

Wohin geht die Reise in der Schweizer Wirtschaft?

Volkswirtschaftlich betrachtet sind die Auswirkungen der Coronakrise nicht präzise vorherzusagen, aber ich befürchte Schlimmes. Wenn wir hingegen einzelne Branchen oder auch Unternehmen anschauen, dann glaube ich, dass die Digitalisierung schneller zunehmen wird, als dies ohne Corona der Fall gewesen wäre. Bei startups.ch sehen wir bei den jetzigen Firmengründungen viele mit digitalen Geschäftsmodellen, auch im Medizin- und Gesundheitsbereich. Und ich denke, auch die Homeoffice-Idee und der Ersatz von richtigen Meetings durch Videokonferenzen werden rascher an Boden gewinnen. Für eine einstündige Sitzung wird man kaum mehr nach Frankfurt oder London fliegen. Nicht zuletzt, weil dies auch aus Sicht des Klimaschutzes wenig sinnvoll ist.

Also gibt es auch Grund zu Optimismus?

Definitiv. Winston Churchill hat einmal gesagt: «Never waist a good crisis – vergeude nie eine gute Krise.» Krisen sind immer auch Chancen. Sie zwingen uns zum Umdenken. Wie gehen wir das nächste Mal mit einer solchen Situation um? Was können wir besser, neu oder anders machen – und davon profitieren? Das gilt genauso in der jetzigen Coronakrise. Was ich Ihnen von den Firmengründungen bei startups.ch gesagt habe, ist das beste Beispiel dafür. Ebenso die Verhaltensänderungen, die für unsere Umwelt positiv sind. Unsere Eltern und Grosseltern haben weit schlimmere Zeiten erlebt als wir jetzt. Und sie haben sich dadurch nicht entmutigen lassen, sondern die Schweiz zu einem der am besten gebildeten und reichsten Länder der Welt mit einer der stärksten und innovativsten Wirtschaften gemacht. Das muss unser Vorbild sein.

> *«Vor der Coronakrise haben wir immer China als orwellschen Staat bezeichnet. Doch sie hat auch bei uns in gewisser Weise zu orwellschen Entwicklungen geführt.»*

Wird sich die Gesellschaft verändern?
Ich hoffe, dass man am Ende über alles in Ruhe nachdenkt und eine objektive Bestandsaufnahme unternimmt. Denn gesellschaftspolitisch betrachtet, gibt mir der Umgang mit dem Coronavirus sehr zu denken. In seinem berühmten Roman «1984» hat George Orwell vor mehr als siebzig Jahren das Bild einer totalitären, gleichgeschalteten Gesellschaft gezeichnet, in der unabhängiges Denken und Handeln vom Staat aus verboten ist. Vor der Coronakrise haben wir immer China als orwellschen Staat bezeichnet, weil dort Handydaten dazu verwendet werden, die eigenen Bürgerinnen und Bürger überall zu überwachen und damit ihr vom Staat erwünschtes Verhalten zu fördern. Doch die Coronakrise hat auch bei uns in gewisser Weise zu orwellschen Entwicklungen geführt. Beispielsweise mit der praktisch totalen Gleichschaltung und Obrigkeitshörigkeit der Medien, die abweichende Meinungen lange Zeit kaum mehr zuliessen. Oder auch mit der Tonalität der Diskussion in der Öffentlichkeit, wo jene, welche Kritik am Verhalten der Behörden und Experten äusserten, oft aufs Übelste beschimpft wurden. Das ist für mich in gewisser Weise «Orwell von unten»: die freiwillige totale Gleichschaltung der Basis und die Unterdrückung abweichender Meinungen. Das macht mir mehr Angst als «Orwell von oben», also von der Regierung aus. Denn wenn wir in der Schweiz nicht mehr kontrovers über heikle Themen diskutieren und ungestraft freie Meinungen vertreten dürfen, dann haben wir als Demokratie ausgedient.

Was wünschen Sie sich für die Zeit nach der Krise?
… dass trotz der derzeitigen Politik die meisten Unternehmen die Krise überleben, vor allem auch die kleinen und mittleren. Auch wünsche ich mir, dass wir alle – Behörden, Medien und Bevölkerung – uns zurücklehnen, durchatmen und gelassener werden. Denn mittel- und langfristig geht nicht vom Virus die grösste Gefahr für uns aus – sondern von unserem Umgang mit ihm.

Ruhende Politdebatten: Das Bundeshaus in Bern im Lockdown-Modus.

Schlusswort von Zukunftsforscher Matthias Horx

Die Corona-Rückwärts-Prognose: Wie wir uns wundern werden, wenn die Krise «vorbei» ist

Ich werde derzeit oft gefragt, wann Corona denn «vorbei sein wird», und alles wieder zur Normalität zurückkehrt. Meine Antwort: Niemals. Es gibt historische Momente, in denen die Zukunft ihre Richtung ändert. Wir nennen sie Bifurkationen. Oder Tiefenkrisen. Diese Zeiten sind jetzt.

Matthias Horx

Die Welt as we know it löst sich gerade auf. Aber dahinter fügt sich eine neue Welt zusammen, deren Formung wir zumindest erahnen können. Dafür möchte ich Ihnen eine Übung anbieten, mit der wir in Visionsprozessen bei Unternehmen gute Erfahrungen gemacht haben. Wir nennen sie die RE-Gnose. Im Gegensatz zur PRO-Gnose schauen wir mit dieser Technik nicht «in die Zukunft». Sondern von der Zukunft aus ZURÜCK ins Heute. Klingt verrückt? Versuchen wir es einmal:

Die Re-Gnose:
Unsere Welt im Herbst 2020

Stellen wir uns eine Situation im Herbst vor, sagen wir im September 2020. Wir sitzen in einem Strassencafé in einer Grossstadt. Es ist warm und auf der Strasse bewegen sich wieder Menschen. Bewegen sie sich anders? Ist alles so wie früher? Schmeckt der Wein, der Cocktail, der Kaffee wieder wie früher? Wie damals vor Corona? Oder sogar besser? Worüber werden wir uns rückblickend wundern?

Wir werden uns wundern, dass die sozialen Verzichte, die wir leisten mussten, selten zu Vereinsamung führten. Im Gegenteil. Nach einer ersten Schockstarre fühlten viele von uns sich sogar erleichtert, dass das viele Rennen, Reden, Kommunizieren auf Multikanälen plötzlich zu einem Halt kam. Verzichte müssen nicht unbedingt Verlust bedeuten, sondern können sogar neue Möglichkeitsräume eröffnen. Das hat schon mancher erlebt, der zum Beispiel Intervallfasten probierte – und dem plötzlich das Essen wieder schmeckte. Paradoxerweise erzeugte die körperliche Distanz, die der Virus erzwang, gleichzeitig neue Nähe. Wir haben Menschen kennengelernt, die wir sonst nie kennengelernt hätten. Wir haben alte Freunde wieder häufiger kontaktiert, Bindungen verstärkt, die lose und locker geworden waren. Familien, Nachbarn, Freunde sind näher gerückt und haben bisweilen sogar verborgene Konflikte gelöst.

Die gesellschaftliche Höflichkeit, die wir vorher zunehmend vermissten, stieg an.

Jetzt, im Herbst 2020, herrscht bei Fussballspielen eine ganz andere Stimmung als im Frühjahr, als es jede Menge Massen-Wut-Pöbeleien gab. Wir wundern uns, warum das so ist.

Wir werden uns wundern, wie schnell sich plötzlich Kulturtechniken des Digitalen in der Praxis bewährten. Tele- und Videokonferenzen, gegen die sich die meisten Kollegen immer gewehrt hatten (der Business-Flieger war besser), stellten sich als durchaus praktikabel und produktiv heraus. Lehrer lernten eine Menge über Internet-Teaching. Das Homeoffice wurde für viele zu einer Selbstverständlichkeit – einschliesslich des Improvisierens und Zeit-Jonglierens, das damit verbunden ist.

Gleichzeitig erlebten scheinbar veraltete Kulturtechniken eine Renaissance.

Plötzlich erwischte man nicht nur den Anrufbeantworter, wenn man anrief, sondern real vorhandene Menschen. Das Virus brachte eine neue Kultur des Langtelefonierens ohne Second Screen hervor. Auch die «messages» selbst bekamen plötzlich eine neue Bedeutung. Man kommunizierte wieder wirklich. Man liess niemanden mehr zappeln. Man hielt niemanden mehr hin. So entstand eine neue Kultur der Erreichbarkeit. Der Verbindlichkeit.

Menschen, die vor lauter Hektik nie zur Ruhe kamen, auch junge Menschen, machten plötzlich ausgiebige Spaziergänge (ein Wort, das vorher eher ein Fremdwort war). Bücher lesen wurde plötzlich zum Kult.

Reality Shows wirkten plötzlich grottenpeinlich. Der ganze Trivial-Trash, der unendliche Seelenmüll, der durch alle Kanäle strömte. Nein, er verschwand nicht völlig. Aber er verlor rasend an Wert.

Kann sich jemand noch an den Political-Correctness-Streit erinnern? Die unendlich vielen Kulturkriege um ... ja, um was ging es da eigentlich?

Krisen wirken vor allem dadurch, dass sie alte Phänomene auflösen, überflüssig machen...

Zynismus, diese lässige Art, sich die Welt durch Abwertung vom Leibe zu halten, war plötzlich reichlich out.

Die Übertreibungs-Angst-Hysterie in den Medien hielt sich, nach einem kurzen ersten Ausbruch, in Grenzen.

Nebenbei erreichte auch die unendliche Flut grausamster Krimi-Serien ihren Tipping Point.

Nicht sosehr die Technik, sondern die Veränderung sozialer Verhaltensformen war das Entscheidende.

Wir werden uns wundern, dass schliesslich doch schon im Sommer Medikamente gefunden wurden, die die Überlebensrate erhöhten. Dadurch wurden die Todesraten gesenkt und Corona wurde zu einem Virus, mit dem wir eben umgehen müssen – ähnlich wie die Grippe und die vielen anderen Krankheiten. Medizinischer Fortschritt half. Aber wir haben auch erfahren: Nicht sosehr die Technik, sondern die Veränderung sozialer Verhaltensformen war das Entscheidende. Dass Menschen trotz radikaler Einschränkungen solidarisch und konstruktiv bleiben konnten, gab den Ausschlag. Die human-soziale Intelligenz hat geholfen. Die vielgepriesene Künstliche Intelligenz, die ja bekanntlich alles lösen kann, hat dagegen in Sachen Corona nur begrenzt gewirkt.

Damit hat sich das Verhältnis zwischen Technologie und Kultur verschoben. Vor der Krise schien Technologie das Allheilmittel, Träger aller Utopien. Kein Mensch – oder nur noch wenige

Hartgesottene – glaubt heute noch an die grosse digitale Erlösung. Der grosse Technik-Hype ist vorbei. Wir richten unsere Aufmerksamkeiten wieder mehr auf die humanen Fragen: Was ist der Mensch? Was sind wir füreinander?

Wir staunen rückwärts, wie viel Humor und Mitmenschlichkeit in den Tagen des Virus tatsächlich entstanden ist.

Wir werden uns wundern, wie weit die Ökonomie schrumpfen konnte, ohne dass so etwas wie «Zusammenbruch» tatsächlich passierte, der vorher bei jeder noch so kleinen Steuererhöhung und jedem staatlichen Eingriff beschworen wurde. Obwohl es einen «schwarzen April» gab, einen tiefen Konjunktureinbruch und einen Börseneinbruch von 50 Prozent, obwohl viele Unternehmen pleitegingen, schrumpften oder in etwas völlig anderes mutierten, kam es nie zum Nullpunkt. Als wäre Wirtschaft ein atmendes Wesen, das auch dösen oder schlafen und sogar träumen kann.

Heute, im Herbst, gibt es wieder eine Weltwirtschaft. Aber die globale Just-in-Time-Produktion mit riesigen verzweigten Wertschöpfungsketten, bei denen Millionen Einzelteile über den Planeten gekarrt werden, hat sich überlebt. Sie wird gerade demontiert und neu konfiguriert. Überall in den Produktionen und Service-Einrichtungen wachsen wieder Zwischenlager, Depots, Reserven. Ortsnahe Produktionen boomen, Netzwerke werden lokalisiert, das Handwerk erlebt eine Renaissance. Das Global-System driftet in Richtung GloKALisierung: Lokalisierung des Globalen.

Wir werden uns wundern, dass sogar die Vermögensverluste durch den Börseneinbruch nicht so schmerzen, wie es sich am Anfang anfühlte. In der neuen Welt spielt Vermögen plötzlich nicht mehr die entscheidende Rolle. Wichtiger sind gute Nachbarn und ein blühender Gemüsegarten.

Könnte es sein, dass das Virus unser Leben in eine Richtung geändert hat, in die es sich sowieso verändern wollte?

Re-Gnose: Gegenwartsbewältigung durch Zukunftssprung

Warum wirkt diese Art der «Von-Vorne-Szenarios» so irritierend anders als eine klassische Prognose? Das hängt mit den spezifischen Eigenschaften unseres Zukunftssinns zusammen. Wenn wir «in die Zukunft» schauen, sehen wir ja meistens nur die Gefahren und Probleme «auf uns zukommen», die sich zu unüberwindbaren Barrieren türmen. Wie eine Lokomotive aus dem Tunnel, die uns überfährt. Diese Angst-Barriere trennt uns von der Zukunft. Deshalb sind Horror-Zukünfte immer am einfachsten darzustellen.

Re-Gnosen bilden hingegen eine Erkenntnis-Schleife, in der wir uns selbst, unseren inneren Wandel, in die Zukunftsrechnung einbeziehen. Wir setzen uns innerlich mit der Zukunft in Verbindung, und dadurch entsteht eine Brücke zwischen Heute und Morgen. Es entsteht ein «Future Mind» – Zukunftsbewusstheit.

Wenn man das richtig macht, entsteht so etwas wie Zukunftsintelligenz. Wir sind in der Lage, nicht nur die äusseren «Events», sondern auch die inneren Adaptionen, mit denen wir auf eine veränderte Welt reagieren, zu antizipieren.

Das fühlt sich schon ganz anders an als eine Prognose, die in ihrem apodiktischen Charakter immer etwas Totes, Steriles hat. Wir verlassen die Angststarre und geraten wieder in die Lebendigkeit, die zu jeder wahren Zukunft gehört.

Wir alle kennen das Gefühl der geglückten Angstüberwindung. Wenn wir für eine Behandlung zum Zahnarzt gehen, sind wir schon lange vorher besorgt. Wir verlieren auf dem Zahnarztstuhl die Kontrolle, und das schmerzt, bevor es überhaupt wehtut. In der Antizipation dieses Gefühls steigern wir uns in Ängste hinein, die uns völlig überwältigen können. Wenn wir dann allerdings die Prozedur überstanden haben, kommt es zum «Coping-Gefühl»: Die Welt wirkt wieder jung und frisch und wir sind plötzlich voller Tatendrang.

«Coping» heisst: bewältigen. Neurobiologisch wird dabei das Angst-Adrenalin durch Dopamin ersetzt, eine Art körpereigener Zukunftsdroge. Während uns Adrenalin zu Flucht oder Kampf anleitet (was auf dem Zahnarztstuhl nicht so richtig produktiv ist, ebenso wenig wie beim Kampf gegen Corona), öffnet Dopamin unsere Hirnsynapsen: Wir sind gespannt auf das Kommende, neugierig, vorausschauend. Wenn wir einen gesunden Dopamin-Spiegel haben, schmieden wir Pläne, haben Visionen, die uns in die vorausschauende Handlung bringen.

Erstaunlicherweise machen viele in der Coronakrise genau diese Erfahrung. Aus einem massiven Kontrollverlust wird plötzlich ein regelrechter Rausch des Positiven. Nach einer Zeit der Fassungslosigkeit und Angst entsteht eine innere Kraft. Die Welt «endet», aber in der Erfahrung, dass wir immer noch da sind, entsteht eine Art Neu-Sein im Inneren.

Mitten im Shutdown der Zivilisation laufen wir durch Wälder oder Parks oder über fast leere Plätze. Aber das ist keine Apokalypse, sondern ein Neuanfang.

So erweist sich: Wandel beginnt als verändertes Muster von Erwartungen, von Wahr-Nehmungen und Welt-Verbindungen. Dabei ist es manchmal gerade der Bruch mit den Routinen, dem Gewohnten, der unseren Zukunftssinn wieder freisetzt. Die Vorstellung und Gewissheit, dass alles ganz anders sein könnte – auch im Besseren.

Vielleicht werden wir uns sogar wundern, dass Trump im November abgewählt wird. Die AfD zeigt ernsthafte Zerfransens-Erscheinungen, weil eine bösartige, spaltende Politik nicht

zu einer Coronawelt passt. In der Coronakrise wurde deutlich, dass diejenigen, die Menschen gegeneinander aufhetzen wollen, zu echten Zukunftsfragen nichts beizutragen haben. Wenn es ernst wird, wird das Destruktive deutlich, das im Populismus wohnt.

Politik in ihrem Ur-Sinne als Formung gesellschaftlicher Verantwortlichkeiten bekam in dieser Krise eine neue Glaubwürdigkeit, eine neue Legitimität. Gerade weil sie «autoritär» handeln musste, schuf Politik Vertrauen ins Gesellschaftliche. Auch die Wissenschaft hat in der Bewährungskrise eine erstaunliche Renaissance erlebt. Virologen und Epidemiologen wurden zu Medienstars, aber auch «futuristische» Philosophen, Soziologen, Psychologen, Anthropologen, die vorher eher am Rande der polarisierten Debatten standen, bekamen wieder Stimme und Gewicht.

Fake News hingegen verloren rapide an Marktwert. Auch Verschwörungstheorien wirkten plötzlich wie Ladenhüter, obwohl sie wie saures Bier angeboten wurden.

Ein Virus als Evolutionsbeschleuniger

Tiefe Krisen weisen obendrein auf ein weiteres Grundprinzip des Wandels hin: Die Trend-Gegentrend-Synthese.

Die neue Welt nach Corona – oder besser mit Corona – entsteht aus der Disruption des Megatrends Konnektivität. Politisch-ökonomisch wird dieses Phänomen auch «Globalisierung» genannt. Die Unterbrechung der Konnektivität – durch Grenzschliessungen, Separationen, Abschottungen, Quarantänen – führt aber nicht zu einem Abschaffen der Verbindungen. Sondern zu einer Neuorganisation der Konnektome, die unsere Welt zusammenhalten und in die Zukunft tragen. Es kommt zu einem Phasensprung der sozio-ökonomischen Systeme.

Die kommende Welt wird Distanz wieder schätzen – und gerade dadurch Verbundenheit qualitativer gestalten. Autonomie und Abhängigkeit, Öffnung und Schliessung werden neu ausbalanciert. Dadurch kann die Welt komplexer, zugleich aber auch stabiler werden. Diese Umformung ist weitgehend ein blinder evolutionärer Prozess – weil das eine scheitert, setzt sich das Neue, überlebensfähig, durch. Das macht einen zunächst schwindelig, aber dann erweist es seinen inneren Sinn: Zukunftsfähig ist das, was die Paradoxien auf einer neuen Ebene verbindet.

Dieser Prozess der Komplexierung – nicht zu verwechseln mit Komplizierung – kann aber auch von Menschen bewusst gestaltet werden. Diejenigen, die das können, die die Sprache der kommenden Komplexität sprechen, werden die Führer von Morgen sein. Die werdenden Hoffnungsträger. Die kommenden Gretas.

Slavo Zizek im Höhepunkt der Coronakrise Mitte März: **«Wir werden durch Corona unsere gesamte Einstellung gegenüber dem Leben anpassen – im Sinne unserer Existenz als Lebewesen inmitten anderer Lebensformen.»**

Jede Tiefenkrise hinterlässt eine Story, ein Narrativ, das weit in die Zukunft weist. Eine der stärksten Visionen, die das Coronavirus hinterlässt, sind die musizierenden Italiener auf den Balkonen. Die zweite Vision senden uns die Satellitenbilder, die plötzlich die Industriegebiete Chinas und Italiens frei von Smog zeigen. 2020 wird der CO_2-Ausstoss der Menschheit zum ersten Mal fallen. Diese Tatsache wird etwas mit uns machen.

Wenn das Virus so etwas kann – können wir das womöglich auch? Vielleicht war der Virus nur ein Sendbote aus der Zukunft. Seine drastische Botschaft lautet: Die menschliche Zivilisation ist zu dicht, zu schnell, zu überhitzt geworden. Sie rast zu sehr in eine bestimmte Richtung, in der es keine Zukunft gibt.

Aber sie kann sich neu erfinden.
System reset.
Cool down!
Musik auf den Balkonen!
So geht Zukunft.

Hinweis: Mit freundlicher Genehmigung von Matthias Horx / www.horx.com

Der Fotograf Joseph Khakshouri war während des Lockdowns mit seiner Kamera in der Schweiz unterwegs. Entstanden ist eine faszinierende Serie von Sujets, die das Land und seine neuralgischen Punkte in einem völlige neuen Licht zeigen: entvölkert, verlassen und irgendwie surreal.
«Normalerweise ist es mir wichtig, dass Menschen im Bild sind – damit sich der Betrachter in der Szene wiederfinden kann.» Die leeren Strasse und Plätze empfinde er nicht als schön, sagt der 41-jährige Zürcher: «Ohne Menschen fehlt die Seele.»
Khakshouri verrichtete seine Arbeit in dieser Ausnahmesituation mit grossem Respekt: «Ich habe Biologie studiert und kenne die Gefahr, die von Viren ausgehen kann.» Die Überwindung dieser Angst hat sich jedoch gelohnt. Dem Fotografen gelang etwas, das in unseren oft hektischen Zeiten eigentlich unmöglich ist: den Stillstand im Bild festzuhalten.

Bildnachweise

Kurt Schorrer: 17
Thomas Buchwalder: 27, 137
Gaëtan Bally: 35, 50
Joseph Khakshouri: 57, 58, 149 unten, 150/151
Marcel Nöcker: 84
Bertrand Guay: 89
Christian Strub: 113
Marcel Grubenmann: 120
Amelie & Niklas Ohlrogge/unsplash.com: 129
Jean Revillard/Rezo: 126
Olaf Kosinsky/wikimedia commons: 127
Johannes Diboky: 132
Thomas Egli: 145
Gian Ehrenzeller/Keystone: 155
Valéry Kloubert/Keystone: 173
Kurt Reichenbach/Schweizer Illustrierte: 179, 178
Valeriano Di Domenico: 170
Klaus Vyhnalek: 200
Claudio Schwarz/unspash.com: 205

Joseph Khakshouri (aus dem Foto-Essay «Geisterstädte»):
32/33, 82/83, 102/103, 110, 161, 198/199, 207

Alle anderen Abbildungen:
Archiv Weltbild Schweiz oder zur Verfügung gestellt.